ちくま新書

ものづくりの反撃

中沢孝夫
Nakazawa Takao
藤本隆宏
Fujimoto Takahiro
新宅純二郎
Shintaku Junjiro

1166

ものづくりの反撃【目次】

中沢孝夫

まえがき

中沢孝夫

事実を可能なかぎり確かめること。ものごとを概念化し、今後を読み解くという作業もそこからはじまる。本書は藤本隆宏、新宅純二郎そして中沢が、バブル崩壊以降の「失われた」といわれる日々のなかで、日本の製造業がどのように苦闘し、最強の現場をつくりだしてきたのかを、沢山の事例によって実証したものである。それは「現場進化論」と言い換えてもよい。そしてこの実証は、日本の産業の将来を考える上で欠かせない作業であると思っている。

ここ20年、日本の製造業が、日々の職場の営みを通して、生産性をどのように上げて来たか。技術をどのように鍛えたか。中国やASEANとの賃金格差や、為替の変動（円高）などをどのように克服したか。国ごと、地域ごとに形成された「比較優位」とはどういうことか、といった事柄の詳細な点検は、そのまま日本の競争力の実証であるといってよい。日本の「現場」はかつてない場所にたどり着いているのだ。本書の問題意識の一つはそこにある。

藤本、新宅、中沢が、共通の問題意識を通底させながら、それぞれのフィールドから「小論」を寄せているが、それは、「推測」や漠然とした「可能性」あるいは発言者が責任をもたない「べき論」を語ることを極力排すためである。

本書は7つの章に分かれているが、主に中沢がインタビュアーとして、ときどき「合の手」を入れながら、藤本、新宅が日本の現場の努力の成果と、グローバルな全体状況との関連の中から、日本の強み、アメリカやドイツの強みの違いを明らかにしている。

第1章から第3章は冷戦後の、中国やASEANという新しい巨大な労働力の登場と、エレクトロニクスの急速な発展の中で、「変化」の内実を充分に理解しないままに、海外移転や空洞化が叫ばれた。しかし90年代後半以降の日本の現場は、生産技術、製造技術の地道な革新を続け、驚異的なリードタイムの短縮などを成し遂げ、新たな地平を切り開きつつあることを明らかにしている。それは大企業も中小企業も同じであり、「円安によるものづくりの国内回帰」といった単純な話ではない。

日本の競争優位の本質はどこにあるのか。どのような領域が強いのか、といった本書の実証による第4章、第5章、第6章の議論は、「インダストリー4.0」に乗り遅れるな、といったプロモーションやプロパガンダの冷静な分析でもある。そのことは同時にレボリューション（革命）とエボリューション（進化）の混在を見分けることなく、新しい流行をつくり出そうとする一部のキャンペーンへの私たちの反論でもある。それは「ＩｏＴ」や「人工知能論」とも関わる。

もちろん「流行」には、長期に残って行く事実、真実というべき「真水」の部分がある。大切なのはそれを見分ける冷静さであろう。

日本が生きて行くには、貿易が必須条件である。ただしそれは「国境」で仕切られる部分と、オーバーラップする領域とがある。日本の現場のもつ優れた開発力を含めた組織能力を構築する力は、日本の他国への「比較優位」の源泉のひとつである、というのが三人の共通した理解である。

もともと本書は中沢と「ちくま新書」の永田士郎編集長による、九段下にある中沢の事務所のそばの居酒屋での議論からスタートした企画である。私たちは状況を正確に読み解くために、藤本隆宏、新宅純二郎の知見をバラバラの本や論文ではなく、通して「編集」

する必要があるという企画で一致した。そして中沢は、その中に日本の中小企業の持つ強さと健全性を位置づけるという作業を試みてみたいと考えたのである。こうした「編集」の意図がどの程度成功したかを判断する権利は、いうまでもなく読者にある。

なお本書の議論を原稿としてまとめるにあたり、藤本隆宏の友人である横井隆さんというもう一人の協力者がいることを付記したい。横井さんのお陰で本書は「急ぎ働き」ではない、質・密度を獲得したと自負している。

第1章　反撃する製造業——30年間の苦闘を超えて

†30年ぶりの夜明け

中沢　今日、この三者が集まったのは、現場観と産業観において近しい見解をもつ私たちが、それぞれがひとりでは伝えきれないものを補い、3人だからこそ可能になるひとつの〝メッセージ〟を生み出せるのではないか、という私のモチーフがあってのことでした。

藤本先生は数年前の時点で、「日本の製造業の状況は真っ暗に見える。けれど、それはもっとも暗いといわれる夜明け前の闇だからであり、すなわち夜明けは近い」と言っておられた。その背景として、日本経済に対して30年にもわたって吹き続けた「逆風」が指摘できます。1980年代のASEANからの直接投資の呼び込みに始まり、19

85年のプラザ合意以降、それまで1ドル＝240円だった為替レートが翌年から140円になり、日本の製造業の動向が輸出の増加ではなく、アメリカ、ASEANへの直接投資が中心になってきました。

さらに冷戦が終わることによって中国が改革開放に踏み出すと、ASEANにプラスして中国という大量の低賃金労働力が突然登場した。しかもそこに1994年、95年には1ドル＝95円という滅茶苦茶な円高が加わる。ただ80年代の後半はバブルの真っ盛りで悲観論はなかった。だが90年代に入ると、低賃金の周辺国の登場や韓国などが急伸してきたりしてそれまで世界で一人勝ちだった半導体を中心とする日本のエレクトロニクス系産業が世界で負けてきて、また白物家電も勢いを失ってきた。

こうした状況を悲観的にとらえ、「日本のものづくりはもう終わりだ」「空洞化が始まった」「これからは金融やサービス業の時代である」といった俗説が巷間に溢れていたことがあります。そうした悲観論が渦巻いていた当時から、俗説に対して藤本先生は「いやいや、それは違うぞ」と否を主張し、詳細な分析に裏づけられた反論を述べてこられた。

その反論がここ4、5年の間に実証されてきたというのが、私の印象です。それは各種の統計数値が示唆しています。たとえば、2014年、15年あたりを見れば、製造業の伸びは明らかであり、失業率がものすごく低下している。有効求人倍率が格段に上がっています。あるいは、倒産件数を見ても9000件です。2002年には1万9000件ありました。1万件を切るというのは、過去を見ても1989年と90年だけです。すなわち、バブルのピークと同じ水準にまで、倒産件数が減っているのです。また、不況が長く続けば、自殺率が上がります。ところが、今のそれは、じつは戦後で最も低い数字になっています。

さらに、これは困った側面があるのですが、製造業は2014年、15年と投資計画が増大していながらも、全体として内部留保が非常に増えています。内部留保が増えるということは、利益をあげていながらも投資もしないし、賃金も上げないということです。預貯金で持っていても、今の金利では利息は微々たるもので、投資とは言えません。だから、私に言わせれば、本来は、賃上げか投資、あるいは株主への配当に回すべきであって、内部に貯金するというのはあまり健全ではないと思います。とはいえ、それが増えていることは事実であり、すなわち企業はお金持ちになってきたということです。

こうした実情のなかで、日本の製造業はもう終わりだなどといった不合理な声は、ナりを潜めてきました。そのかわりに、たとえばインダストリー4.0とかIoT（Internet of Things）、あるいは人工知能など、新たに転換期の話も出てきているのだけれど、ともあれ、日本の製造業はもう終わりだなどという話は消えてきています。まさに藤本予測の通りでした。

†日本経済を読み解くときに重要なこと

中沢　俗説に惑わされずに、日本経済を正確に読むために留意すべきことがあります。それは、日本の製造業を十把一絡げで論じるのではなく、製造業のなかにも強い部分と弱い部分があることを前提とすることです。つまり、個別企業の状況で全体状況を語るな、あるいは個別産業の状況を全体の状況判断の根拠にしてはならない、ということです。同じ産業のなかにも強い企業と弱い企業があって、その差は、研究・開発力を含めた企業ごとの能力構築をつづける力の差が生み出しているということです。なぜあの企業は強いのか、なぜあの企業は弱いのか、それらを個別に見て、それを積み重ねて全体状況を読み取るという手順が必要です。

もうひとつ、これは私のフィールドである中小企業の分野の話で、私の持論として、かわいそうな中小企業はたしかに存在するけれど中小企業がかわいそうであるという事実はない、弱い中小企業と強い中小企業がある、と……。

藤本　けだし名言です。

中沢　ただし、これは大企業も同じで、同じ産業のなかにさえ強い大企業と弱い大企業があります。シャープと日立をくらべればだいぶ違う。ようするに、私に言わせれば、大企業がそうであるように、中小企業にも会社ごとに個別にそれぞれのストーリーがあって、「中小企業」という会社は存在しない。中小企業という言葉は、単に大きさ、サイズを表しているだけであって、企業の質（クオリティ）を表しているわけではない。

　中小企業とは集合名詞です。たとえば、家具といっても、椅子なのか机なのかあるいはソファなのかわからないように、やはり一つひとつを個別にちゃんと見なければ、全体の状況を読み解くことはできないでしょう。

†大企業も中小企業も地域性をもつ

中沢　そのうえで、2014年に新宅先生たちが書かれた「電機産業の現場力調査」（後述）を拝見すると、大企業といえども、地方の工場は中小企業と同じだと思いました。

中小企業の共通項は、①地域性を持っていること、②取引先が近いこと、③そこで働いている人のほとんどが地元の人だという三つがあげられます。一方、新宅レポートを見たとき、大企業の地方工場も、地域性を持っていると思いました。地域性を持つ点では、工場の場合は大企業も中小企業も同じなのです。

また、新宅レポートの中で合点がいったのが、大企業の地方工場では、同じ企業に属していても、地方工場ごとにその内実は異なるというお話です。同じメーカーであっても、リードタイム（1個当たりの製品の製造に費やす時間）が異なるとか、あるいは内部のプロセスイノベーション（生産工程革新）が大きく異なるなど、ものづくりの能力構築が個別に行われている。

つまり、企業が内部で実力を蓄積していく手順は、工場（現場）それぞれ個別の競争力として表われてくる。大企業のなかでも特に大きな企業、たとえばトヨタなどは、何年かごとにすべての工場のプロセスイノベーションを拾い集めて、センターが全体へ共通化するけれど、やはり個々の工場のそれぞれの頑張りが競争力を強めているのだと言えます。

いろいろと申し上げましたが、これらを踏まえ、私の目には完全に夜が明けたように見える現在の製造業の状況について、藤本先生がどのようにお考えなのか、まずはそこからお話を伺いたいと思います。

†マスコミに振り回されるな！

藤本　この3人はもうずいぶん長いつき合いになります。経済史観や産業観など、多くの論点を共有していると思います。

さて、まず中沢先生のさきほどのお話にあったように、日本の貿易財産業の現場は実証的にも明らかによい方向に向かっています。いわば予想どおりというか、学者流にいえばものづくり理論の予想どおりといえるでしょう。ところが、先日も経済界の偉い方と会って話をしてみると、いまだに「日本の製造業はもうダメなんでしょ？」みたいなことをおっしゃいます。財政や金融の分析は完璧にやってみせる方々が、こと産業の話になると誤ったイメージを丹念に刷り込まれていて、現場の本質的な論理をご存じない。他の分野では見識があってその発言に影響力がある方々の多くが、産業競争力の動向という部分だけはおかしなことを言っていることがあります。これは、マスコミなどが表面的な議論を繰り返してきたということもあるのだけれど、もっと根本的なところで、主流的な経済学がこの百年間にわたって産業論を軽視してきたことも一因だろうと思います。その結果、経済のことは実によくわかっている方でも、産業のことはあまりわかっていないことが意外に多い。

中沢　ましてや、企業やら現場となると……。

藤本　主流的な経済学、特に一般均衡論が非常に高度な応用数学的に洗練されたものに発達していく過程で、見失われていったものがあります。中沢先生の言うとおり個々に固有の現場の集まりであるところの産業は、それゆえに、複雑かつ多面的であり、精緻なモデル化は難しい。現場を深く分析しようとするなら、私は、いっそ現代主流派経済学が出てくる前の古典派経済学にまでいったん遡ってはどうかと思っています。

ここにいる3人は、1000とか2000あるいはそれ以上の現場を見てきた人間で、今もその数を増やしつづけています。統計は統計で裏づけとして取ったり見たりしていますが、私はやはり現場観察の感覚を大事にしたい。

むろん、「じつは史上最高益です」なんて中小企業もあれば、「ここはほんとにマズイな」という会社や現場も一方にはありますし、さきほど中沢先生が言われたとおり、会社も現場もまさにいろいろです。したがって、そのうち悪いところだけを選んでそこだけを見れば、日本の産業や経済は真っ暗に見えるでしょう。

　さきほど中沢先生から倒産件数が約9000件に減っているという話を聞いて驚きましたが、逆に言えば9000件の倒産があったのだから、そのうちの10件を取り上げて、「ほら見ろ。どこもかしこも倒産だらけで、日本の製造業は絶望的だ」といったルポルタージュもできてしまう。たしかに厳しい現実がそこかしこにある。その結果業績的にも厳しい企業や産業だけを集めて、「これが現実だ」と言えば、たしかにそれも現実ではある。たとえばシャープやソニーはどうかと聞かれれば、たしかに全体としては厳しいと答えるしかない。しかし個々に見れば、彼らも強い現場や製品は持っている。少なくとも彼らを現在の日本製造業の代表例のように言えば、一部で全部を語ることになり、おかしなことになるでしょう。

　細かい修正を別とすれば、私は200年前のリカードによる比較優位説、すなわち相対的に見て得意なものは輸出し、苦手なものは輸入するという単純明快な原則を基本とすべきだと考えます。私たち経営学者は、そうした産業ごと、企業ごと、現場ごとに異なる得手不得手の実態を見極めなければいけません。その意味で、中沢先生がさきほどおっしゃった個々の企業や産業現場を見なければいけないというお話は、まったくそのとおりだと思います。

言論界では、調子がよくなってくると、業績のいい会社だけを並べて、「見ろ！　日本はみんなトヨタみたいなのだ」などと言い出します。1980年代などは、まさにそんな感じでした。ところが、景気が悪くなってくると、今度は調子の悪い企業だけを抽出してきて、「これが日本の現実だ」と言い出す。たしかに、それらの一つひとつも現実です。だけど、それを世の中のトレンドとして見てしまうことで、産業の全体としての動向に対する見方が大きくぶれてしまう。情報の変化や差で売上を伸ばすのがマスコミの仕事ですから、それは当然と言えるのかもしれません。しかし、私たちはそれにあまり振り回されずに、長期的な歴史観や現場感覚をもって世界の産業の動向を冷静に見ていかなければいけないでしょう。

†冷戦後の「苦闘の20年」

藤本　25年前に私がアメリカから帰って東大に着任したそのとたんに、日本経済がおかしくなりました。もちろん、私が日本に帰ってきたせいではありません（笑）。

この1990年というのは、じつはベルリンの壁が崩壊した年、すなわち、冷戦が終わった年です。ところが、近年の日本経済の話になると、冷戦終了後というよりもバブル崩壊後という言い方が一般的です。マクロ経済的な政策運営や金融政策といったいわば上から見下ろす視点から、日本経済の失敗が語られることが多いからです。確かに日本経済はバブル崩壊後に、停滞期に入る。GDPは500兆円あたりで止まってしまう。マクロ経済成長が止まったという意味では、「失われた20年」ということになる。たしかに上から見下ろせばそうでした。しかし私らは、下から見上げる歴史観でも考えてみたい。つまり、現場からみたらどうだったのか？

この視点に立つと、ポストバブルの「失われた20年」は、ポスト冷戦期の「苦闘の20年」という言い方に変わります。なぜなら、その間にラインの物的生産性を5倍とか10倍にしている現場がかなり多くあるのです。つまり「失われた」などといった話ではないのです。「苦闘の20年」という言い方がふさわしいと思います。

それは日本の現場が、中国との賃金差や円高など、最大級のハンディキャップを背負って、ジタバタした時代でした。もとより産業競争はハンディ戦です。円高、中国の出現、これらはすべて大きなハンディです。鄧小平が南巡講話（1992年）で「我々も世界経済に進出するぞ」と言ったことによって、日本の主たる貿易相手国が賃金で約1

対1のアメリカから1対20の中国になってしまった（たとえば1990年代から2000年代初めのころ、華南の工場に入ってくる18歳の優秀な女子作業者の賃金はざっと月600元、つまり1万円。日本の若手作業者が20万円としても20倍ということでした）。実際これほどのハンディがいきなりついてしまったのでは、さすがに日本の国内現場は受け身の取りようもありません。

新宅　私が調査した台湾企業は、南巡講和の直後、1993年に上海に進出しました。進出当時、月給はわずか150元（3000円）だったそうですが、それでも周囲の中国地場企業は80元だったので、高すぎると苦情がきたと言います。1993年の東京の最低賃金は時給620円でしたので、8時間20日勤務だと月9万9200円になり、上海の30倍という計算になります。ちなみに、その台湾企業も、2012年の調査時点では月3500元を支払っており、賃金はこの20年間で約20倍になったわけです。

中沢　ASEANも国ごとにずれはありますが、それに近いですね。

藤本　そう。すなわち、東西冷戦の壁と南北問題の壁、どちらの垣根もとれてしまった。それ以前の、賃金格差があまりない「北西部」、つまり日米欧だけの先進国間競争では現場の生産性が高い日本は自動車で勝ち、テレビも勝ち、貿易黒字が出すぎて貿易摩擦まで起こしてしまった。しかも、その間も円高が続いていました。360円から徐々に100円に近づいていくという、これだって大層なハンディのアップです。それでもこの程度のペースなら、日本の貿易財の優良な現場はものともしませんでした。思えばニクソン・ショックのあった1970年代初めから円は上がり続けていったのだけれど、まさにそのころから貿易黒字が定着しています。ハンディがどんどん厳しくなりながら、それでもなおトーナメントに勝ち続けていったようなもので、それはとりもなおさず、日本の優良現場が、その間絶えず鍛錬を重ねて生産性をあげていったということです。

しかし、冷戦終結と中国出現により、特に貿易財の現場で、20対1などというとんでもないハンディがいきなりついてしまった。さしもの日本の現場でも、さすがにこれでは受け身が取れませんでした。

自動車の場合は、排ガス規制や安全規制などがあり、こうした製品では、中国の製品も先進国市場には簡単には入ってこられません。おかげで、ボクシングに喩《たと》えるならば、自動車産業は90年代以後2、3発はくらったけれど立っていられた。ところが、家電にはそうした規制が弱かった上に、製品のデジタル化やモジュラー化という競争的に不利な技術的変化もあったので、2、3発どころではなく4、5発くらうことになり、さすがに立っていられなかったといった感じでしょう。

†大企業の子会社でも地域に根ざした現場である

藤本　90年代は、とにかく中国の製品が安くて日本企業はピンチに陥りましたが、かといって座して死を待つわけにもいかないということで、家電を中心に多くの貿易財が中国に工場進出しました。すると中国に出てみたからこそわかってきたことがありました。たとえば、中国工場で生産を始めてみて初めて、その産業、その地域で現実にいくらの賃金でどんな人を雇えるのかがわかってきます。あるいは、動き始めた中国工場の生産性を測ってみると、賃金もべらぼうに安いけれど、同時に生産性も相当に低いと気づきます。たとえば、今の自動車産業であれば、日本メーカーの国内工場と比べると、中国工場の生産性はざっと半分くらいであり、中国ローカル企業の中国工場の生産性はそのまた半分、おそらく4分の1くらいと推定されます。それでも賃金の日中差が20倍あればやはり中国が安いですが、賃金の日中差が今のように縮まってくれば話は別です。

一方、日本の地方の生産現場の多くは、大企業であっても生産子会社が多く、中沢先生がご指摘されたとおり実質は多くが中小企業です。彼らは生き残りのために生産性向上に乗り出します。たとえば、新潟柏崎にある大企業の生産子会社は9割が地元出身の従業員で、地元のお年寄りは「ここで孫子の代まで食っていくのだ」とおっしゃる。「だから、ここを潰すわけにはいかないのです」と、工場長もおっしゃいます。たしかにそこは大企業の一部ですが、同時にその地域に根差した場所的な存在なのです。しかも、じつはここは以前の親会社であったA社に売られて、今は親会社がB社に変わっています。企業が変わっても現場は地域の一部として残るのです。

中沢 新潟といえば、かつての新潟鉄工なども、そうした例ですね。

藤本 そうですね、新潟鉄工も会社は変わりましたが、タグボートなどに使うF1のようなすごいエンジンを作るなど、開発や生産の現場は健在ですね。

中沢 のちほど事例を紹介しますが、皆、オリジナルな技術をもっており、そのために一所懸命やっている。

藤本 このように、会社の一部ではあるが、地域の一部でもある現場は、親会社が変わろうと、中国がライバルになろうと、地元でしぶとく生き残ろうとする。この生き残りの集団的意志があれば、そのための目標もはっきりします。新興国との賃金差が5倍10倍あっても、「生産性を5倍にすれば国内向け拠点として生き残れる」など、具体的な目標がたつのです。

こうして生き残りを賭けた目標が明確になったときの日本の優良現場は、いわば火事場の馬鹿力を見せます。いま言った柏崎の工場も、本社から閉鎖命令が出そうな雰囲気のあった2010年ごろに、自発的に「生産性を2年で3倍にする」という目標を設定して活動を始めます。資金などありませんから、大きな設備投資も自動化もない改善活動のみの生産性向上です。それでも目標どおり、生産性を2年でほぼ3倍にしました。それは、正味作業時間比率（労働時間の内、真に付加価値を生む活動をしている時間の比率）を10％から30％に上げることで生産性を3倍にするという、トヨタ的な生産性向上の理論の通りの成果でした。

では、日本の多くの現場がこうしてジタバタと生き残り努力の生産性向上を目指したタイミングはいつだったのかというと、新宅先生は家電などかなり厳しかった現場を見てきておられるので、早いところは90年のセル生産方式導入からとされていますが、私が現場で最初にそうした話を聞いて驚いたのは2000年ごろでした。

それは掛川のNEC静岡で、新興国の工場との競争の厳しいデジタル機器を作っていましたが、自動車用時計を作る長野ジェコーの元社長で、トヨタ式現場改善のコンサルタントとして有名であった岩城宏一さんの指導を受け、コンベア組立ラインをセル方式の立ち作業・手渡し・助け合いラインに変え、ライン間をかんばん後補充でつなぎ、過剰仕様の自動化設備を自前の半自動機に変えるなど、いかにもトヨタ方式の定石通りの改善を行ったところ、半年で生産性が2・7倍になったと現地で聞いたのです。きっかけは、トヨタ自動車の張富士夫《ちょう》元社長がそのころこの工場を訪問され「よくやっておられるが、ちょっと違うかな」とおっしゃって帰ったことだそうで、一流企業間の「ちょっとちがう」が2・7倍なのかと当時びっくりしました。

私の場合、そのころから、低賃金国の工場との競争が厳しい日本の国内工場が、ラインの改善によって2年で2倍、3年で3倍、5年で5倍、10年で8倍、といったペースで生産性を上げてきたことを、訪問するあちこちの現場で聞くようになりました。その多くは、先ほど言ったように会社が中国に工場進出して、中国工場の賃金や生産性の正確なデータが入ってきたことにより、こっちの生産性をこのくらい上げれば国内で生き残れるという目標が見えてきたので、その目標に邁進したのではないかと思います。後から思えば、早くから低コスト競争が厳しく中国に出ていた日本企業の国内工場は、セル生産の導入などによって、90年代にはすでにそうした生産性向上を始めていたのでしょう。

†情報産業では90年代から生産性向上が始まった

新宅　私たちが気づいたのが2000年くらいだっただけで、彼らは90年代には生産革新に着手し始めていたわけです。そのきっかけはやはり、藤本先生が言うとおり、苦しくなったということでしょう。まずAV（オーディオ・ヴィジュアル）系などが、企業としては海外に出ていくことで国内工場は苦しくなった。1985年のプラザ合意による急速な円高によって、生産の海外移転をせざるを得なかったという面もあるのです。ともあれ海外に出ていくようになり、そのときに海外工場との競争にさらされることになった日本の工場が、自分たちが生き残るために現場の生産革新を始めたのが、およそ90年あたりのはずです。愛知県周辺のソニーの工場などが、その頃に始めています。

続いて、パソコンの世界では外圧によって国内の改革が求められました。いわゆる1991年のDOS／Vショックで、それまで漢字処理のために独自規格で守られてきた日本市場に世界標準のパソコンが参入してきました。米国のコンパック社が低価格パソコンを日本で発売したので、「黒船襲来」とも言われました。それまで60％程度の高い国内シェアを維持してきたNECのパソコン事業にとって大きな脅威でした。そこでNECでは本社の製造グループが音頭をとって、静岡や長野の工場などで改善活動が始まりました。パソコンでいえば、おそらくNEC米沢が、NECグループ全体の中で先頭を切って生産性をあげてきた。藤本先生のお話に出てきたNECの柏崎工場も、こうした流れのなかで、90年代に能力構築を続けてかなりの実力がついたところで、事業としては売ることになって、2001年にF社に売却されました。F社の主たる目的はNECのプリンター事業の買収であり、プリンターを生産していた柏崎工場は付随的に吸収されることになったわけです。当時、中国への生産移転を進めていたF社にとって、国内組立工場は重荷だったかもしれません。ところが事後的に見てみると、じつはF社は、その時点では生産革新については、遅れていました。90年代にはそうした活動に手をつけていませんでした。それが、いざ柏崎工場を吸収してみると、そこでは、トヨタ生産方式の有名な指導者である岩城宏一氏の指導を受けて、非常にすすんでいるということがわかります。結果としては、柏崎がF社全体の生産革新の発信地になりました。

藤本　F社がトヨタ方式を本格的に取り入れたきっかけは、まさにこの新潟（柏崎）の買収でした。工場を買ったらトヨタ方式がおまけで付いてきたようなものかな。

新宅　そのために買収したという人は、まずいないと思いますが、結果的にはそんな感じになりました。

†現場は企業の一部であり、地域の一部でもある

藤本　じつは、同じようなことがレノボ山形のNEC米沢（正確にはNECパーソナルコンピュータ株式会社米沢事業場）でも起きています。ここは今は、日本のNECと中国の世界有数のパソコン会社であるレノボが2011年に合弁でつくった持株会社の傘下にある工場ですが、実態としては、NEC米沢を中国の世界的パソコンメーカーが買収したに近い状況です。

NECのパソコン事業は、かつてはPC-98で日本市場を席巻しましたが、近年はあまり成功していません。それでも、地方の工場を閉鎖せずに事実上売却した点は良い判断だったと評価しています。グローバル企業の帳簿から見れば、閉鎖も売却もたいした違いはないかもしれないけれど、地域にとっては大きな違いです。自治体や政府は、グローバル大企業が傘下の国内工場を閉鎖すると言い出した時には、閉鎖ではなく売却を検討してくださいと説得するか、あるいは買い手を見つけてきますくらいの話をすべき

だと思います。これこそが、国内に良い現場を残すためにできるひとつの方策でしょう。

新宅　その時に、よいところに売却されたなら、それこそさきほどの話のように、スムーズにそこの現場能力が活きてくる。一方で、売却後にかなりの遠まわりをしたけれど、結果的にはよかったというケースが、ソニーがアメリカのソレクトロンに売却した宮城の中新田工場でしょう。

ソニーの中新田工場は、カーナビなどの車載製品の工場でしたが、ソニー本社がそれらの事業から撤退することになり、中新田工場が不要になりました。一方、ちょうど日本の事業を強化したかったのが、当時ＥＭＳ業界のトップ企業として飛ぶ鳥を落とす勢いだったソレクトロンでした。ＥＭＳはElectronics Manufacturing Services の略称で、1990年代のアメリカで台頭した業態で、電子機器の製造委託をメインとして、その前後の開発設計、調達、物流、アフターサービスなども広く請け負う事業形態です。ソニー自体もそれに倣って、製造部門を切り離して2001年にソニーＥＭＣＳという、いわば社内版ＥＭＳの会社を設立しています。

中新田工場については、ソニーとソレクトロンの間ですんなりと売買が成立し、

2000年にはソレクトロン傘下におかれました。経営陣も含む人材が現場に残ったままの売却でした。その後、中新田工場がどうなったか、気になっていました。ようやく昨年（2014年）、この工場を訪ねてお話を聞きました。すると、「5年間、ソレクトロンの下で仕事をしてきたけれど、あのままでは、私たちは競争を生き残っていけない。彼らは、私たちの能力を活用してくれなかった」と言います。

藤本　彼らは結局、表面実装の新鋭設備だけが必要だったのでしょう？

新宅　そうなのです。ようするに、ソレクトロンがもとめていたのは作ることだけ。表面的にはソレクトロンも、日本流の開発能力を活かすと、買収当時には言っていたのだけれど、実際はまったくワン・オブ・ゼム（one of them）の工場で、世界中にある工場のひとつとして、生産能力だけを買ったようなものでした。これでは日本国内では生き残っていけず、いらなくなればポイされるだけだろうという危機感を覚えて、2000年の売却から5年後の2005年にはマネージメント・バイアウト（Management Buyout 経営陣による買収）で、ケイテックという会社に生まれ変わりました。人も設備も基本的にはソニー時代のままです。ただ、買収のために外部の資本もいれた関係で、経営陣トップに一人だけ外部人材をいれました（外部といっても、じつはここと関係性のないソニー出身ですが)。EMSという業態はソレクトロン時代とかわらないけれど、やり方はまったく変えて再始動して、今では復活しています。借金も7年ほどで完済したそうです。

藤本　結局は、元ソニーの人たちが中心になってやっているということなのですが、ソレクトロンへの売却の時に、いわば逃げ遅れて取り残されちゃったみたいな人たちが、5年間雌伏して、自分たちで自分たちの会社を買ったわけです。しかしもっと言うと、この会社ももともとのDNAを遡ってみると地場企業なのです。これは米沢もそうです。

新宅　そうですね。ケイテックの源流は1963年に地場資本で設立された東洋電子研究所です。NEC米沢はたしか米沢製作所という地場企業だったのが、後にNEC傘下に入りました。

藤本　米沢製作所は、トーキン(東北金属工業)の疎開工場から始まった会社ですが、やはり地場性が強い。そうしたところは、存亡の危機といったいざという事態になると、存続を目指してジタバタする。生産性向上運動もまさにジタバタなわけで、そうした活動の粘り強さにおいては、地場性というのが大きく関わっている気がします。

中新田のケイテックは、今は車載でもなんでもやります。なんでもやって、ちゃんと生き残っている。つまり、仕事もとってきて、生産性を上げた結果出てくる余剰人員のための雇用も確保しようとする。

新宅　そう。液晶モジュールの組立もやるし、車載カメラのユニット組立のようなこともしています。

藤本　こうした例からわかるのは、過去20年、ハンディ最大という厳しい状況のなかで戦ってきた、特に貿易財の日本の良い現場というのは、産業も企業も超えて存続しているという事実です。もちろん親会社との関係もあり、その親会社がどうしたこうしたということも、その歴史のなかにはあるにはあるのだけれど、特に大都市に本社があるグローバル大企業の場合、現場と企業をある程度切り離して考えなければ、その現場の真の歴史は見えてきません。

現場は、企業の一部であり産業の一部であり、かつ地域の一部です。企業の一部という意味では、企業の利益に貢献すべき存在であり、それができなければ潰される。だから生産性を上げ、コストを下げて利益を出そうとする。一方、産業の一部としては、付加価値を生み出し国のGDPの一端を担います。そして、地域の一部としては、なんといっても雇用確保です。どんなに厳しくても、すくなくとも正社員だけでも雇用を確保しようと努力する中小製造業や大企業の生産子会社が、日本には沢山あります。こうした「現場指向」の企業は、教科書的な資本制企業、つまり単に利潤最大化を目指す企業とは異なり、一定の目標利益率と、一定の雇用数の確保というふたつの目標を同時に追求します。このように複雑な存在なので、現代経済学の精緻なモデルには乗りにくいという面もあります。

†中国の低賃金と生産性で勝負するマザー工場

藤本　もう一度話をもどすと、1990年代には冷戦終結をきっかけに出現した低賃金人口大国の工場に翻弄された貿易財の国内工場ですが、会社の中国工場進出などによって正確な情報がわかってきた2000年前後から、生産性向上という形で、国内工場の生き残りをかけた反撃が本格化していたわけです。しかし一方、日本の工場はマザー工場として海外工場の生産性向上も会社から任されているので、あちらの生産性もあがります。その結果どうなるか。

たとえば、某社の鈴鹿の表面実装ラインの例があります。私が聞いた話では、先ほど出てきた岩城さんの御指導によるトヨタ方式の導入もあって、2005年から2010

年の5年間で、実装ラインの生産性が5倍以上になったそうです。私は現場で生産データを拝見しましたが、たしかにそうでした。一方、この会社は中国にも大きな工場を持っています。鈴鹿工場は、マザー工場として、そこにも教えにいく任務がある。

中国の賃金が日本の20分の1といっていたころ、中国ローカル企業の新鋭工場などでは、大事な機械だからちゃんと見ていなさいと言って、機械1台にひとりずつ人がついて監視作業をしていました。もちろんこれは付加価値を生まない作業です。たとえばひとつの実装ラインに10台のさまざまな機械があったとして、2ラインで20台だとすると、そこに作業者が20人いるわけです。しかし、中国の賃金が高騰し始めた段階では、この生産性では中国工場は輸出拠点としてもちません。

そこで、日本のマザー工場が一所懸命に教えて、ひとり3台持ちくらいはできるようにします。これで中国工場のラインの生産性は3倍になります。こうして5年で生産性が3倍になれば、5年で賃金が2倍に上がっていっても輸出拠点として生き残れるでしょう。

一方で、教えた側の日本工場はどうかといえば、彼らは、教えるだけのレッスンプロ的なマザー工場ではありません。自らもグローバル競争という国際試合に出場する、トーナメントプロ的な「戦うマザー工場」ですから、中国が3倍になったら自工場はそれ以上の結果を出さなければ、自分たちが生き残れません。そして、彼らは同じ5年間に自らの表面実装ラインの生産性を5倍にしたわけです。ひとり2ライン持ち、すなわち20台持ちです。多台持ちどころではなく、多ライン持ちです。もともと4台持ちぐらいだったところから、20台持ちにしたということでしょう。

これをまとめると、中国工場と日本工場の表面実装ラインの生産性は、おおよそ1対4から3対20になったことになります。中国も頑張って教えた甲斐あって大きく向上しているけれど、それでも、生産性の差はむしろこの5年で開いている。その会社は、中国でも比較的によい賃金を払っていますから、賃金を含めた生産コストでも日本工場は中国工場に急速にキャッチアップしていきます。その結果、製品1個当たりのコストはどうなりましたかと尋ねてみたら、「実は、中国工場に追いついちゃいました」と鈴鹿工場の方々はおっしゃいました。

この話を聞いて、私が「え、本当!?」と思ったのが、2010年ごろです。つまり、日本の優良現場の生産性が上がり始めたと私らが気づいたのが2000年前後、春節で帰省した中国人労働者が戻ってこないといった話が聞こえてきたのが今から10年前の

2005年くらいで、おそらくそのころから中国の賃金が5年で2倍ぐらいのペースで高騰を始めたと思われます。そして、2010年ごろから「コスト競争力で中国工場に追いついた」というような話がだんだん増えてきたわけです。

†気概に満ちた現場は生き残る

藤本　ようするに、潮目の変化を考えると、とにかく「中国に行かなくちゃ！」とばかりに一斉に進出したのが90年代で、それに対抗して日本の現場の生産性が本格的に上がり始めたのが90年代後半から2000年代にかかるころです。そうこうするうちに、2005年ごろから中国の内陸農村部などからの労働力の無制限供給が終わり、労働力不足から賃金の高騰が始まる。いわゆる「ルイスの転換点」です。その間も日本工場の生産性は上がり続ける。そして、2010年くらいにはコストで追いついたという話がささやかれ始める。マクロ経済的には確かに日本はこの間ずっとGDP500兆円で停滞していましたから、「失われた20年」と総括されても仕方ありませんが、現場ではこのように苦闘のなかで潮目は刻々と変わってきていたのです。マクロ経済の金融財政だけを見る傾向のあった一部のマスコミや学者や政治家は、こうした現場レベルでのダイナミックな変化を見落としていたために、一時は日本産業総空洞化論のような空論に走り、今度は日本の工場が急に回復したかのような国内回帰論に走るなど、右往左往したわけですが、黙々と努力をしていた日本の優良現場を長期的な視野でちゃんと見ていれば、そうはならなかったはずです。

新宅先生から「9勝1敗でコスト以外は中国工場に勝っている現場がほとんどである」というご報告が後であると思いますが、こうした例を考えると、すでに1割くらいの現場が10勝0敗になっていると思ってもよいのではないでしょうか。もちろんまだどこもかしこも圧勝というわけではありません。それでも、やっぱり日本だよねという声が聞こえてきているのが現在の2015年でしょう。

こうして振り返れば、いわば「現場の理論」どおりに、国内外の現場のコスト競争力が動いた過去20年といえますが、冷戦によって蓄積された異常な国際賃金差が新興国の賃金高騰で正常な方向へ縮小されつつある2010年代半ばの現時点では、少なくとも頑張って能力構築を続けている国内現場は残れる可能性が高まる。逆に言えば、能力構築を怠る現場は世界のどこでも存続が難しくなる時代、つまりグローバル能力構築競争の時代に、世界の貿易財産業は差し掛かりつつあるのではないでしょうか。

中沢　製造業であれば、平均するとおよそ全体のコストの30％程度が賃金なので、その30％における20対1の差が、生産性の差によって埋められて、コスト全体で見ればフィフティ・フィフティに近いところにきている。それはまさに日本の現場の学習能力に支えられてなったわけだけれど、現場の学習能力は現場ごとにそれぞれ異なります。
　新宅先生の電機連合の報告を拝見していて感じたのは、現場の気概です。現場の頑張りというのは、本社から「頑張れ」という命令があったから頑張っているわけではない。あくまで自主的に頑張っている。本社にはわからないから任せていられずに、自分たちでなんとかしよう、自分の暮らしは自分で守ろうという強い意志が感じられたのです。

新宅　特に大企業の地方工場などが、頑張らないと自分たちの職場がなくなるという危機意識を持っていたからこそ、変わってきたのだと思います。それが90年代でした。

藤本　それでも、本社から閉鎖命令が出てしまえば、どうしようもありません。現場は企業の一部だという現実があります。閉鎖せよと言われれば粛々と閉鎖です。長期的に会社に貢献する能力を持つ優良現場を、短期の損益判断で間違って潰すことのないように、本社は現場をちゃんとしたパフォーマンス指標（ＫＰＩ）で見てくれ、と言いたいですね。

中沢　そうなのです。困るのは現場を知らない本社の存在です。それともうひとつ、地方自治体にとっても、工場がきちんとそこにあって動いているほうがいい。工場があるかぎり、従業員の住民税がきちんと納められ、法人市民税や固定資産税、都市計画税など、きわめて大きな財源を確保できます。60年代後半から70年代にかけて、多くの地方自治体が工業団地を作るなどして企業を誘致したのも、雇用と税収のふたつが目的であって、それが目的化する状況はいまも変わっていないはずです。

†電機連合の調査報告

中沢　ここで、電機連合調査の内容について、新宅先生にご報告をお願いします。

新宅　電機連合というのは電機業界の労働組合なのですが、電機業界は1990〜2000年代に苦しみました。そのなかで、さまざまな労働問題調査が行われてきました。しかしながら、自分たちの工場は今後も生き残っていけるのか、自分たちの工場は生き残っていけるだけの力を持っているのか、といったことに関しては、これまできちんとした調査がされていなかった。頑張ってはきたのだけれど、これまで調査をやってこなかったために、内実についてなんとなく不安があった。とくにそこで働く人たちには、漠然とした不安がありました。

たとえば、本社が事業撤退や工場閉鎖を言い出したときに、それと戦える力が自分たちにはあるのか、という不安です。90年代から2000年代には、ほとんどの日本の工場が、派遣社員を入れてきました。派遣が悪いとは言わないけれど、彼らは、たとえるなら中国の内陸から出てくる出稼ぎ工とおなじような立場の方々です。収入を得るためにさまざまな現場を渡り歩き、さまざまな仕事をこなさなければなりません。したがって、中国では離職率が高く熟練工や多能工が育たなくて、工場がなかなかうまくいかないといった問題があったけれど、日本の工場でも同様の問題を抱えたのです。そうした経験もあって、現場の力はほんとうに大丈夫なのか、という不安がありました。

現場は頑張っているけれど、それを明確に示す数字は持っていない。これは本社にしても同じです。90年代から現場が自ら鍛えてきたと言いながら、その実力をちゃんと把握しているかといったら、かならずしもそうではないという議論が本社にもあり、現場にもその不安がある。それなら、その現場の能力をなんらかの形で計測してみましょう、というのが、この調査の発端です。

そこでふたつの調査をしました。ひとつは、元気な現場のインタビュー調査です。一概に電機業界が苦しいといっても、なかには元気な現場もあるので、そうしたところは何をしているのか、それを定性的に見るという調査です。もうひとつは、アンケート調査を行いました。その内容を単純に言えば、自社の国内工場と海外工場、すなわち国内のマザー工場と海外の子工場の実力差を正しく比較するというものです。本来であれば、サムスンなどの海外企業と比較したいのですが、そうしたデータはなく、企業にとっても正確な比較は困難です。かといって印象論で回答を得ても意味がありません。なので、同じ社内であれば、国内外の工場の優劣について比較的正確にわかっているだろうと考えて、この方法を採用しました。

藤本　こうした比較検討も、自社が低賃金新興国に工場進出したからこそできることです。

新宅　質問の内容は、以下の10項目です。

①顧客満足度、②外部不良率、③製造コスト、④生産性、⑤納期、⑥柔軟性、⑦新製品の投入能力、⑧製造技術の独自性、⑨開発速度、⑩新製品開発。

工場の調査ですが、開発に関する質問も含めました。いわゆるQCDF（クオリティ、コスト、デリバリー、フレキシビリティ）に＋αのいくつかを聞いたというイメージです。およそ100社程度が回答をくださったのですが、ほとんどの会社で、コスト以外ではマザーである日本側が勝っていました。また、製造コストでも勝っているというところが、1割くらいありました。これが、さきほど藤本先生が言っておられたほとんどの9勝1敗と1割の10勝0敗です。

†印象論で現場を語るなかれ

新宅　では、なぜ1勝しかできない中国工場が、あれほどもてはやされたのかと考えたとき、多くの人がコストだけで判断していたということです。そもそも、コストとはなにかと問えば、要素コストと生産性です。たとえば、人件費・賃金が要素コストで、その人たちを何人時使えば、ひとつのモノが作れるのか、というのが労働生産性です。あるいは、工作機械1台の価格が要素コスト、その機械をどれだけダウンさせずにフル稼働できるか、1台1日でいくつの製品が加工できるかというのが機械生産性です。コストは、要素コストと生産性の掛け算できまります。

このとき、9勝1敗というのは、人件費、賃金では20分の1といった数字で負けていたけれど、生産性など他の指標では勝っていたということです。勝っていたというよりは、コストで負けていたので、生産性を必死で上げてきた。それでも負けていたのは、賃金格差がいわばゴルフのハンディのようになっていました。ハンディ0のプレーヤー

（日本）が、ハンディ20のプレーヤー（中国）と競争していたわけです。ハンディなしでは日本が勝っているのに、ハンディ付きの成績でしか評価されない。ところが、中国の賃金があがってきて、ハンディが小さくなってきました。ハンディが5とか10といった数字になってくれば、本来の力の差が最終スコアにも表われてきて、結果としてコストも同等といったところが一部に出てきた。

ところが、この結果をいろいろなところで話すと、中国工場で工場長をされていた方などが「いや、そんなはずはない！」と声を荒げることがあります。そこで話を聞いてみると、必ずしもきちんとベンチマークができているわけではありません。

巷間ではいまだに、中国のワーカーは器用で若くて目が良いので、平均年齢の高いワーカーが働く日本より生産性が高いに決まっているのだから、もうものづくりは中国だ、といった思い込みがあります。

でも、手の速い人が数人いたとしても、そのスピードが工場全体の生産性を決めるわけではありません。全体として見たらどうでしょう？「工程のある部分は早くても、他の部分で詰まっていませんか？」という話です。最も速いところではなく、最も能力が低いボトルネック工程が全体の生産性を決めるのです。不慣れな作業者が受け持つ工程、時間のかかる検査、処理能力が低い装置、頻繁に故障する機械が全体のボトルネックになるのです。そういったところを総合的に見なければ生産性は測れません。ところが、日本から視察にいった本社系の人などは、その場で若い人がものすごいスピードで加工している姿だけを見ます。でも、それでは絶対に生産性は測れません。

しっかりと見て、実態を把握して、そのうえで、ではどうすればよいのかを考えなければいけません。印象論で物事を判断してはいけない。印象論では、過度に悲観的になってしまうこともあれば、逆に強気になりすぎることもあります。どちらかというと、印象論をベースにした悲観論が席巻する傾向が強いでしょう。

†強い工場は何がちがうのか?

新宅　もうひとつ、この調査を通じて見えてきたことを挙げると、これだけの苦境のなかでも元気がいい日本の電機系の工場の共通点として、工場なのだけれど、モノを作るだけではなく、製造設備の設計や製品の開発・設計といった機能を工場のなかにもっているということが共通してみられました。開発・設計は生産の上流の機能ですが、かたや下流の機能を持っている工場も多く見られました。販売そのものを持つというのは滅多にありませんが、顧客からのクレームを聞くカスタマー・サポート・センターが工場のすぐ横にあって、クレームのなかでも重要なものは、今そこで行っている生産にフィードバックするとか、あるいは次の開発にフィードバックするといった機能をもっています。ようするに、工場ではあっても、作るだけではなくて、何を誰にどう売るかという視野をもっているところが強いですね。

機械化が極まった工程なら、同じ機械を中国へもっていっても生産性は変わらないと考えがちですが、これは違います。同じ機械でも、必要なオペレーターの人数には違いがありますし、機械の可動率《べきどう》も違います。さらに、機械を入れてもただ漫然と使うのではなく、その機械の生産性を上げる努力が必要です。

ある工場で聞いた話です。その工場の自動化ラインでは、まず上側の部品と下側の部品を組み立てて、そのふたつを最後に機械でガッチャンと合体させるのですが、この機械に投入する際に、上側の部品をひっくり返す過程があります。でも、このひっくり返すという動きは、付加価値を生んでいません。そのムダをなくそうということで、そのラインから反転させる装置を取っ払おうとしました。しかし、それは製造設備技術者だけではできません。そもそもここでひっくり返さなければいけない製品の構造が問題なのです。製品設計を見直して、下から上へ積み上げるように組み立てていき、最後に蓋だけすればいいという製品構造にできれば、さらなる生産性向上ができる。というわけで、それを実現してしまいます。設計部隊が工場にいたから、すぐに対応できたのです。仮に、設計部隊が実際の生産現場が見えにくい遠くの本社にいたなら、なかなかその設計変更の意味が理解できません。まさにその現場に設計者がいて、「こうなっていることを、こうすれば工数がこんなに減るぞ」と現場で直接伝えられることが行動につながるのです。

こういったことができる工場は、海外の工場と比べたときに、圧倒的な強みをもっています。ものづくりだけでも勝てるかもしれないけれど、もっと幅広く、生産技術、設備設計、そして製品設計まで内部に持てれば、ものすごい強みになります。私は、日本にマザー工場をもつなら、そこまでしないと意味がない、もったいないと思っています。

藤本　それって、ほんとうは昔からやっていたことですよね。やっていたのに、いつの間にか本社が忘れてしまったのかな。

新宅　そうそう、そうなんですよ。

藤本　家電工場では、むしろ常識でしたね。たとえば昔のでかいテープレコーダーなどの内部を見ると、ボルトの締め付けの向きは、全部垂直方向でした。全部が同じ方向の設計にしてあるから、腕の形がシンプルなスカラロボットのような安いロボットで作れる。製品設計者のこだわりで、ここはこの角度がいいとか、違う角度のボルトが一つでもあったりすると、値段がずっと高い多関節の複雑なロボットが必要になる。それだけで、コストの違いは歴然です。こういう、設計と生産の連携、つまり作り勝手のよい製品設計は、昔から当たり前でした。

新宅　家電もそうだし、半導体も昔はそうだったと思います。日本の半導体が強くなっていった時期には、多摩川沿いに研究所と工場が両方ともありました。それが、半導体工場を九州に建てるとか、地方に生産工場を持って行ったときに、開発と生産が分離していってしまったのです。

†中国の登場で競争の原理が変わった

藤本　1980年代あたりまでの冷戦構造下での、先進国間のグローバル競争のころには、競争国間の賃金格差があまりなかったから、トヨタは当たり前として、おそらく家電メーカーの経営者でも、コストは生産性で決まるのだという意識を持っていたでしょう。

新宅先生がおっしゃったとおり、基本形は「コスト＝賃金×生産性」ですから、賃金が同じなら生産性でコスト競争力が決まるわけですからね。

ところが、90年代に入ったとたんに世の中がひっくり返ってしまって、突然賃金20分の1なんていう低賃金人口大国が日本のすぐ隣に出現したものだから、これじゃ生産性を2倍3倍にしたところで焼け石に水だってことになってしまった。ここで、経営者の頭の中がいつの間にか「コスト＝賃金」になってしまった。

新宅　まったくそのとおりです。たとえばテレビでいえば、1960年代から70年代にかけて、日本はアメリカとの間に貿易摩擦を起こしました。当初、アメリカは、日本は低賃金でダンピングしているのだろうと言ってきました。しかし、日本側は、賃金は日本も上がってアメリカとほとんど変わらないし、ダンピングもしていない、ただ生産性と製品技術で勝っているだけだと主張しました。最後は、アメリカに工場進出して、実証してみせました。「ほら、アメリカ企業のアメリカ工場と、我々がオペレーションするアメリカ工場では違うでしょ？」と70年代にやってみせた。これはテレビが最初で、その後で自動車が同じ経緯をたどります。

藤本　自動車では80年代に入ったころにそれが始まります。1980年ごろに、「日本車が安いのは低賃金のせいだ」と米国メーカーの経営者は言ってきたけれど、その後、じつはそうじゃなくて生産性の差だったということが、私も参加したMIT（マサチューセッツ工科大学）やハーバードの国際調査によってわかってきたのです。

中沢 最初は不正をしていると言いがかりをつけてくるんです。ソーシャル・ダンピングだとかなんとか言ってくる。

藤本 そうそうそう（笑）。

新宅 毎回そこから始めます。半導体でも同じでした。

藤本 それならアメリカに工場を建てましょうかということで、日本の自動車メーカーが米国現地工場を作ると、あっという間にそれらの日系工場が、生産性や品質においてアメリカ国内で最高レベルになってしまう。それでアメリカの貿易摩擦交渉の担当者なども、「日本が不公正だからだ」という反論ができなくなってしまったわけです。しかも、MITなどの米国内で権威のあるところまで、「実際に測ってみたら、たしかに生産性の差だ」と言い出してしまう。あれは、貿易摩擦の政治的なヒートアップに対して、かなりの冷却効果がありました。

中沢 それまでは、日本も失業を輸出するみたいなところもあったので、かならずしもよい面ばかりではなかったのですが、ともあれ、日本の現場にしてみると、その後に中国やASEANが登場することで、唐突に競争の中身が変わってしまった。先進国同士の賃金が五分五分のところとの競争なら、生産性の差がはっきり出てきて、生産性こそが競争原理だったのに、賃金が15倍、20倍というところに突然土俵が変わってしまった。さらに経営者として、80年代にアメリカに駐在していたり、アメリカの大学院で学んでいた人たちが登場することによって、こちらの現場・現実がわからない人が増え、大きな齟齬が出てきたのだという感じがします。

†日本の中堅企業のずば抜けた競争力

中沢　今の新宅先生の文脈から中堅企業、中小企業を考えてみますと、中堅企業では社長が現場のすべてを直接的に知っています。社長が現場そのものであったりします。
たとえば、二輪車や自動車のバックミラーを作っている中堅企業が、タイとインドネシア、マレーシアに工場展開しました。このとき、日本の工場はどんどん小さくなっていくのだけれど、同時に、社長を中心にした自分たちで、工場別に競争力比較のマトリックスを描いていきます。研究開発力は、日本が「◎」（二重丸）、タイは「現地向けならできるけれど、普遍性のあるものはできない」ので「○」、インドネシアは「まだ言われたことができるだけ」なので「△」とか。あるいは、生産設備、工程設計、ラインを作れるかという点では、これはもう圧倒的に日本です。では、ラインその他の日常的なプロセスイノベーション能力はどうかというと、やっぱり日本、タイ、インドネシアという序列があります。また、従業員の成長力も測ります。何年目でどんな改善提案ができるのか、自分からムダを排除する発想ができるようになるのかといったように20項目くらいのマトリックスを作って、工場ごとの競争力比較をしていきます。結果、日本を100としますと、タイは80、インドネシアが40、マレーシアが20となるそうです。ちなみに国別のスタートは、タイが1990年、インドネシアが1996年、マレーシアが2007年です。

この結果を踏まえて、ではなぜ工場ごとにこうした競争力の差が生まれてくるのか、と考えます。たとえば研究開発力なら、日本だと温度管理についてマイナス40度からプラスの40度まで80度の温度差のなかで実験ができるけれど、タイやインドネシアではそれができない。さらに、日本以外では新製品の開発やデザインそして事業の開発といったことで、取引先との綿密な擦り合わせができないなど、能力差の原因になる工場間格差にたどりつきます。もちろん日常的なプロセスイノベーションなども日本が先を行きます。そして、これらを考えれば、やはり日本の工場が先導しないとほかの工場も伸びないということがわかってきます。この会社は日本の本社が1970年代までは400人を超えていたのですが、今は150人ほどで、海外は200人、300人にのぼるのですが、日本の現場の存在意義をちゃんと理解しています。この例を見ても、中堅以下の会社では、本社・社長が現場そのものを見ていますから、生産性にも敏感です。

その意味では、小さいところのほうが大丈夫で、むしろ大きいところのほうが危険なのかもしれません。それでも、ここ4、5年は大きいところもだいぶわかってきたように感じられます。

†社長になるべき事業部長とは

新宅　中堅企業では、たとえば金属の熱処理加工で強い東研サーモテックなどが典型ですが、生産加工技術が強みになっています。生産加工こそが自分たちの強みだということをしっかり自覚して、それを是が非でも落とさないためにはどうすべきかと考えぬき、海外工場では地道な人材教育を継続し、その一方で日本はその基盤としてしっかり能力を維持強化するという話になる。ところが大企業の場合、ともすると、製品が勝負を決めると考えてしまう。製品開発、新製品投入こそが、我々が勝つための手段で、生産は二の次みたいな感じに、とくに事業部長や経営者レベルがなりがちだったりします。

中沢　大企業のように事業部がたくさんあると、経営者にも全体のベースがわからなくなってしまうのではないかという気がします。

藤本　事業部長クラスの人には、大きく2タイプいらっしゃるように見えます。第1は、現場あっての自分だと考えるタイプで、現場を育てながら自分も出世し、事業所長になったくらいのところで、「このポジションは、一国一城の主として全体を把握して、かわいい従業員たちを養っていくのにちょうどいい」「ここからさらに上にのぼって本社の一役員としてこき使われるよりもここが居心地がよい」と、中小企業の社長のようにどっしりと腰をすえて長期的にその事業の発展を考えるタイプの事業部長です。一方、第2は、現場より本社を向いているタイプで「ここはただの通過点」「もっと上を目指す」との野心が強く、確かに優秀だが、ある意味本社以上に短期思考に走ってしまう傾向がある。じつは、第1のタイプのほうが全体観がしっかりしていて社長の器ではないかと私は思うのだけれど、本社で上にのぼろうと思っている人は後者です。このふたつのタイプでは、現場に対する長期的な視野に大きな隔たりがあると思います。

中沢　大企業では、企業内での完全立ち上げで、自社内だけで完成品を作るメーカーと、たくさんの協力メーカーを駆使して、彼らと一緒にネットワーク型でモノを作っていくメーカーの違いがあると思います。

4年ほど前、P社の業績がひどく落ち込んだ時に、社長直属でV字回復のための経営戦略室ができて、経営戦略をやり始めたのですが、そのとき私は戦略室の担当者の話を聞き、これはダメだろうと思いました。自分の会社の競争力のあり方や企業特性の説明ができないのです。また協力会をなくしていったところが、まずダメになっていったと私は感じています。つまり、毛細管を失って、情報が集まらなくなった。重電をやっているとか、他の設備系があるなど、理由はありますが、日立など生産財や設備などをつくっている会社にはまだちゃんと協力会があります。こうしたネットワーク型は、かなりしぶといと私は感じています。また商品・製品にもよるのですが、生産設備そのものが完全なオリジナルな内製ならともかくとして、社内で商品化しても、生産設備が外部化していては、その商品が陳腐化すれば競争力を失うので、たえず新しい商品を開発しつづけざるを得ないというジレンマを抱えているためだと思います。

第2章　ものづくり現場力の国際比較試論

新宅純二郎

†日本の収支をささえる製造業

　1990年代に「失われた十年」といわれた日本経済も、2000年代に好景気を迎えた。しかしながら、2008年秋のリーマンショックによる欧米経済の冷え込み、それに伴う円高の進行、さらに2011年3月の東日本大震災とその後の原油輸入の増加、同年秋のタイの洪水、2012年には70円台まで円高が進んだ。製造業をめぐって、次から次へと大きな事件が起きた。そういったなかで2011年以降は貿易収支が赤字になり、2014年には過去最大の12・8兆円まで貿易赤字が拡大した。これだけを見ると、日本の製造業の力が弱くなったような錯覚に陥ってしまうが、その中身は冷静に判断する必要がある。貿易赤字拡大の最大の要因はエネルギー輸入であるが、2010年に16・3兆円だったものが、14年には26・2兆円に拡大したのである。

いまだに輸出が好調な業界もあることを忘れてはならない。自動車など輸送用機械は2014年に約14兆円の黒字を維持している。これは18兆円もの黒字をあげたリーマンショック前の2007年には及ばないが、2005年を上回っている。自動車業界では、一方で海外生産も急速に拡大してきたが、完成車輸出やエンジンなど部品輸出は維持・拡大している。各種製造装置や工作機械、エンジンなどが含まれる一般機械でも、やや減少しているものの7.5兆円の黒字をあげている。これらの分野ではいまだに強い輸出競争力をもっていると言えよう。

ただし、弱体化している分野もあり、電気機器業界はそのひとつである。2000年代後半からテレビと携帯電話の輸入が増加しており、アップルのiPhoneやサムスンのギャラクシーなどのスマートフォン・携帯電話だけで1.7兆円の輸入になっている。それでも、輸出総額の9割が製造業である。この製造業の輸出がないと、日本の貿易収支赤字はさらに巨額になってしまう。

また、2014年後半から120円台にまで円安が進み、輸出は金額、数量ともに増加傾向にある。2015年は貿易収支赤字幅も縮小傾向に転じた。

一方、所得収支が黒字幅を拡大したため、貿易収支、サービス収支、所得収支、経常移転収支を合計した経常収支は、2014年かろうじて2.6兆円の黒字を保った。これは、日本企業の海外投資収益や、海外からの特許使用料が増加したことに起因している。日本企業の海外法人は、かつては大きな収益をあげていなかったが、2000年代半ばから利益額が増加している。2014年に日系海外法人が得た利益は8兆2000億円、そのうち配当金などで国内に還元される金額が5兆6000億円にも達している。また、知的財産権等使用料収支は1.7兆円で過去最大の黒字になった。製造業は、輸出、直接投資収益、知的財産権収入などで、日本経済に寄与する重要な産業であり続けている。

†30年間続いた逆境

このように日本経済のなかで、ものづくり産業はいまだに重要な地位を占めている。しかし、先に述べたリーマンショック以降の逆境は、日本の製造業にとっていまに始まったことではない。1980年代半ば以降の30年間は、日本国内のものづくりにとって向かい風となるような逆境ばかりが続いた。

1971年の変動為替相場制への移行以来ほぼ一貫して円高傾向が続いた。とりわけ85年のプラザ合意のときの円高は、血のにじむようなコスト削減をしている現場の努力を吹き飛ばした。現場は1円、1銭のための努力をしているのに、1ドル240円程度から一気に150円を切った。さらに、90年前後に東西冷戦が終結し、隣国中国が巨大な労働供給国として門戸を開放した。その結果、日本のわずか20分の1の賃金で働く労働者が12億の人口から供給された。賃金が20分の1では、日本の工場がどんなに頑張ってもコストでは太刀打ちできない。日本にものづくりを残そうという努力は無駄だという論者さえ出てきた。さらに、91〜92年に国内のバブル景気が崩壊し、国内市場が低迷した。銀行の経営も危うくなり、中小企業への資金供給も滞った。円高や低コストの中国工場出現で、輸出競争力を失いつつあった日本の工場にとって、頼みの綱である国内市場の低迷はさらに大きな打撃となった。

こういったなかで、1990年代以降、日本の製造業の多くが海外に工場進出していったのは周知のとおりである。多くの企業が量産拠点を中国やASEAN諸国の海外工場に移転し、国内工場の生産規模は縮小された。同時に、人員削減や正規従業員の新規採用は大幅に縮小された。その一方で、非正規従業員や派遣労働者、あるいは構内請負の活用が増加した。2000年代には好景気で一息ついたが、リーマンショックと東日本大震災、急激な円高に見舞われた。

これほどのマイナス要因がよくも30年間も続いたものである。それでも、日本のものづくり現場は、日本でのものづくりを困難にする逆風にさらされながら必死にもがき、頑張ってきた。この逆境下での頑張りが、日本のものづくりをいっそう強くしたという面を忘れてはならない。

†現場力では海外に圧勝

現在、多品種少量生産などのため、「セル生産方式」というものが一般的になりつつある。電機業界では、伝統的にベルトコンベアで大量生産するものであるとみなが信じていた。しかし、1990年代になり、海外工場とは異なる能力を作ることで生き残ろうという機運のなかで、生産システムの見直しが起きた。一部でトヨタ系のコンサルタントが電機業界の現場改善で活躍した。そうした生産革新の動きは、海外への生産移転や海外企業との競争がきっかけとなっていることが多く、90年代初頭はソニーなどのAV工場、90年代半ばからパソコン工場、2000年前後から白物家電や半導体で、現場改善が盛んになった。

筆者が訪問してきた日本工場では、生産性の改善に真摯に取り組むことで、1年間で生産性が3倍、生産リードタイムや在庫は3分の1になったという例はざらにある。たとえば、ノートPCを組み立てるNEC系の米沢工場では、2000年から12年の間に労働生産性は8倍、構内部品在庫は45分、30分サイクルで生産計画をまわし、2万品種を受注から3日で出荷しているという。こうした生産革新によって、この工場は台湾系企業の中国工場へアウトソーシングされないよう、生き残ってきた。

筆者は、このように優れた国内工場のほか、中国、韓国、台湾、ASEAN諸国、インドなどの日系海外工場、韓国企業系海外工場、ローカル企業の工場を数多く訪問してきた。その現場調査から、いまだに日本国内工場のほうが、現場力では優れているという認識をもっていた。その認識を実証するために、電機連合総合研究企画室と共同で2013年から14年にかけて日本の電機産業の現場力調査を実施した。調査は8社へのインタビューとアンケート（回答、97事業所、354人の職場リーダー、3116人の作業者）から成っている（なお、調査結果の詳細については、新宅ほか〔2014〕を参照されたい）。

我々は、現場力を表1のような10項目で調査した。比較対象としたのは、同種の製品を生産している社内の海外生産拠点である。この質問に回答したのは73事業所であったが、

表1　対社内ライバル優位性に関する回答分布

対社内拠点の比較（フル、73社）

	回答%		
	勝ち	負け	分け
独自製造技術	79.5	6.8	13.7
量産立ち上げ	75.3	4.1	20.5
新製品提案	74.0	5.5	20.5
外部不良率	72.6	4.1	23.3
顧客満足度	67.1	2.7	30.1
柔軟な生産能力	65.8	8.2	26.0
生産性	63.0	12.3	24.7
納期	61.6	2.7	35.6
新製品投入回数	53.4	23.3	23.3
製造コスト	9.6	80.8	9.6

対中国拠点の比較（47社）

	回答%		
	勝ち	負け	分け
独自製造技術	80.9	8.5	10.6
外部不良率	72.3	4.3	23.4
量産立ち上げ	72.3	6.4	21.3
新製品提案	72.3	6.4	21.3
顧客満足度	70.2	2.1	27.7
生産性	63.8	8.5	27.7
納期	61.7	4.3	34.0
柔軟な生産能力	61.7	12.8	25.5
新製品投入回数	53.2	27.7	19.1
製造コスト	10.6	80.9	8.5

（出所）新宅ほか（2014）

そのうち47が中国拠点であった。結果は表に示したように、日本工場が9勝1敗であった。すなわち、10項目のうち、日本工場が負けているのは製造コストのみで、他の項目ではほとんどの日本工場が海外より優れているという回答であった。本来なら、海外の企業工場と比較すべきであろうが、多くの企業が現場レベルにおける指標を、社内ではもっているが競合ではもっていない。そのため、社内の国内外比較という測定方法を採用した。しかし、比較対照が海外のライバル企業であっても、我々のいままでの現場観察によれば、結果は変わらないと思われる。

回答したのが日本工場なので、日本優位にバイアスがかかっている可能性も否定できない。

しかし、我々が中国調査の際に、日系中国工場で聞いても結果は同様であった。日本の生産性を100とすると、中国工場では20年程度の長い操業経験のあるところで70から80、10年程度のところでは30から40であった。また、造船業界での調査では、日本を100とすると日系中国工場が70から80程度、中国地場企業の工場は20から30であろうとのことであった。興味深いことに、台湾企業、韓国企業でも同様の結果であった。台湾企業の台湾人工場長によると、「中国大陸に進出してしばらく、生産性はきわめて低かった。中国工場の人材育成や現地化に長年（22年間操業）取り組んできて、ようやく台湾工場の75％くらいの生産性になった。いまでも中国工場は中国国内向けだけで、欧米向けの輸出はすべて台湾工場でまかなっている」という。操業経験17年の韓国企業でも、中国工場の生産性は韓国工場の80％程度だということだった。

†自動車産業の国際比較

電機産業の現場力調査では、相対的な社内比較指標しか取れなかった。生産性の数値を直接比較した調査はきわめて少ないが、例外的に系統的な国際比較データがあるのが自動車産業である。

1980年代に日本製自動車がアメリカ市場でシェアを伸ばし、アメリカでも日本企業の生産管理を真摯に学ぼうという機運がでてきた。また、アメリカ産業再生のために、日本など海外から、良い点は学んで取り込んでいこうという動きが80年代後半にでてきた。MITを中心にして、各種産業の丹念な国際比較研究がなされた。その成果のひとつで、アメリカ産業再生のための全般的な処方箋をまとめたのが『Made in America』という本である。また、そのような流れのなかで、日本の自動車産業、とりわけトヨタ自動車の生産システムを「リーン生産」という概念でまとめて紹介したのが、ウォマック等によって1990年に出版された本である（ウォマックほか〔1990〕原題『Machine That Changed the World』）。

ウォマック等の著書のベースになった研究がIMVP（International Motor Vehicle Project）で、500万ドルの予算で5年間のプロジェクトとして始まったという。このIMVPは、日米欧の主要企業の国際比較調査を行っており、そのなかに、生産性にかかわる調査データがある。本書の著者のひとりである藤本も、当時ハーバード大学におり、この調査メンバーのひとりであった。

自動車の組立工場では、1台生産するのに必要な工数（人・時）を生産効率の指標としていることが多い。これは労働生産性の逆数で、この数値が小さくなるほど良い。1989年の調査結果は、日米で大きな生産性格差があることを白日のもとにさらした。日本工場の平均が16・8人時であるのに対して、米国企業の平均は24・9人時であった。1.5倍の工数がかかっていたのである。日米のコスト差は賃金によるのではないかといった議論はこれでなくなった。

その後、GMなど米国企業はリーン生産方式、日本的生産方式を謙虚に学んで取り入れ、生産性をあげていった。IMVPは約5年ごとに調査しており、米国企業は1994年21・9人時、2000年には89年の日本と同じ16・8人時までいった。しかし、日本側も進歩を続けており、94年に16・5人時、2000年には12・3人時になり、まだ日本優位が続いていたのである。

その後、MITはIMVP調査から手を引いたので、この種の調査を引き継いで2006年に調査をしたのが藤本と新宅が設立した東京大学のものづくり経営研究センターである。2006年調査では、日本工場、韓国企業の韓国工場、日米欧企業が操業する中国、タイ、台湾、インドの工場を調査した。その結果は、図1の通りである。

タイ工場は日本の2.4倍、中国工場は2.7倍、インド工場は3.9倍の工数がかかっていたので

図1　アジア自動車工場の生産性比較（2006年調査）

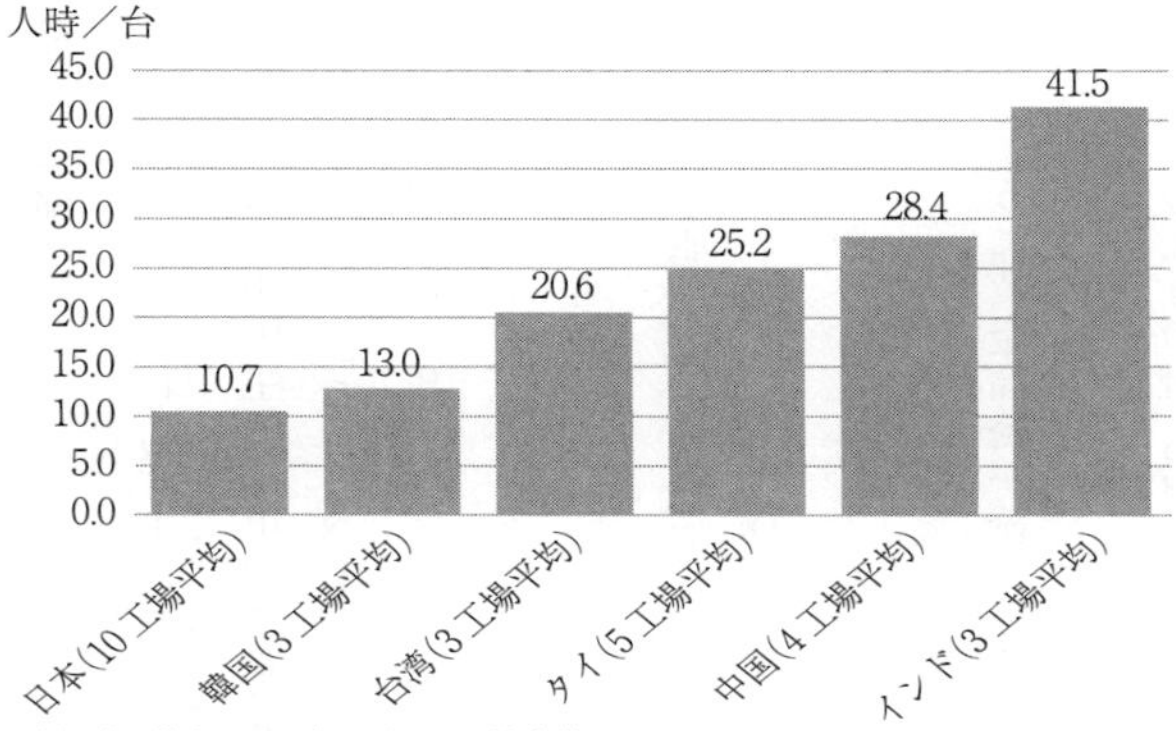

（出所）藤本ほか（2011）より筆者作図

ある。生産性で言うと、日本を100とすればタイが42、中国が37、インドが27ということになる。この数字は、先に紹介した中国でのインタビュー調査とほぼ一致している。

このときの調査では、各工場での賃金も調査した。たとえば、中国工場は日本工場の14分の1の賃金であった。1台にかかる人時に賃金をかけると、1台あたり人件費が算出される。これを計算すると、中国は日本の約20%であった。つまり、中国工場は日本よりはるかに生産性では劣るが、安い賃金のおかげで、低コストを享受していた。このような自動車工場の実測データは、我々の電機産業におけるアンケート調査結果を強く支持するものである。

†コストでも一部逆転

中国では、かつて日本の20分の1であった賃金が、現在では10分の1を切るレベルまで高騰している。中国主要都市の法定最低賃金をみると、1998年から2013年の15年間で約5倍に上昇している。JETRO（日本貿易振興機構）による一般ワーカー賃金調査をみると、2013年時点で、中国の北京、上海は約450ドル、タイ、マレーシアが300〜350ドル、インドネシアが240ドル、ベトナムが150ドルといった月給になっている。中国を追うように、インドネシア、タイ、ベトナムでも年10〜20%の割合で急速に賃金高騰が続いている。中国の東莞《とんがん》で操業している日本企業の経営者によると、2015年秋の時点で、出稼ぎの派遣工の賃金が5万4000円、これに社会保険や福利厚生、派遣会社への支払いを加えると約9万円のコストになっているという。

いままで、低コスト工場として魅力的であった中国をはじめとしたアジアの工場であるが、このように賃金高騰が続くとその地位が揺らいでくる。コストを構成している要因は、単位コストと生産性である。単位コストとは、賃金、光熱費、原材料費などである。コストを下げようとすれば、賃金など単位コストが安い場所に立地するか、生産性を上げればよい。かつて、中国に工場進出した多くの企業が、安い単位コストを基準に立地選択した。

一方、日本に残った工場は、日本の高い単位コストという逆境のなかで、ひたすら現場改善を積み重ねて生産性の上昇、生産リードタイムの短縮、在庫（部品、仕掛、製品）の圧縮に取り組んできた。もちろん、彼らは自社の中国工場にもその改善成果を移転したので、中国工場の生産性もあがらなかったわけではない。しかし、概して言うと、低賃金・低生産性の中国工場と高賃金・高生産性の日本工場が社内で対峙する構図が2000年代にできあがってきた。

しかし、日本の工場が必死に生産性向上に取り組んでも、コストでは中国工場にかなわなかったところが多い。仮に、中国工場の生産性が日本工場の5分の1であっても、20分の1の賃金が、いわば隠れ蓑となって、中国工場がコスト優位になっていたのである。いわば、低賃金が現場力の弱さを隠蔽した状況であった。ところが、日中の賃金格差が10分の1を切ると、生産性で上回る日本工場がコスト面でも中国工場を射程にいれられるようになってくる。

たとえば、造船業では2000年代半ばで、すでに日中の溶接工の賃金格差は5分の1程度であったという。一方、労働生産性では、日本工場を1とすると、日系の中国工場が

3分の2、中国企業工場が5分の1だったという。さらに船舶部品材料の調達コストは日本のほうが安い。つまり、造船では2000年代半ばですでにコストは同等であったことになる。昨今では、賃金格差が3分の1程度になり、コストは逆転しつつあるという。表1（63ページ）のアンケート調査結果でも、約1割の企業が、コストでも日本側が優位にあると回答している。

こういった日中間でのコストの逆転が最近になって起きている。ここで留意しなければならないことは、日本の生産性優位はずっと続いていたことにある。むしろ、2000年代の日本国内工場の生産革新によって、生産性格差は開いていた可能性すらある。「中国工場はすごい」と礼賛する論者には、コストが安い中国工場のほうが、現場力でも優れているという錯覚があったのではないだろうか。

†日本工場と海外工場の今後

さて、このような生産性格差も、中国企業の努力によってやがて縮小するので、やはり日本国内生産には限界があると考える読者も少なくないだろう。しかし、鍛えぬかれた日本の工場であっても、改善の余地は相当に残っている。生産現場の改善活動を指導してきた金辰吉氏によると、大手電機メーカーの優れた工場でも、正味で加工にかけている時間は1％以下であるという（金〔2013〕）。ある工場では、全体の生産リードタイムのなかで、停滞時間（97・4％）と運搬時間（0.7％）といった付加価値を生まない時間がほとんどを占め、加工時間はわずか1.9％にすぎなかった。しかも、その加工時間のなかで、実際に製品に付加価値を与えている正味加工時間比率は24％であった。その結果、生産リードタイム全体に占める正味加工時間は0・46％であった。正味作業時間比率を倍にしたり、停滞時間を圧縮したりすることで、生産性向上、生産リードタイムの短縮はまだまだできるのである。この例が、けっして現場改善をさぼっていた工場の例ではないことに留意してほしい。日本の現場のすべてで、改善の余地があり、改善が限界に来ているわけではない。

一方、賃金高騰が続く中国などアジアの工場に対して、日本の企業はどのような対処をしていくのであろうか。大きく分けると、さらなる低賃金国へ移転するオプションと、その国にとどまるオプションがあろう。前者は、中国に進出したときと同じ論理で、安い賃金を求めて、ベトナム、カンボジア、ミャンマー、バングラデシュなどに工場を移転する例である。韓国のサムスンも、スマートフォンの生産拠点の主力を中国からベトナムにシフトしつつある。また、労働集約的なアパレル産業では、中国工場は中国市場向けの生産に絞り、輸出拠点としてはバングラデシュやミャンマーを開拓しようという動きが見られる。

一方、中国などで現在の工場を維持しようとした場合、不可欠なのが生産性の向上である。そこで一般的に指摘されているのは、アジアの工場の機械化、自動化の推進である。しかし、機械化が必ずしも生産性の向上に結びつくわけではない。オペレーターや機械メンテナンス要員といった人の側面でのレベルが向上しなければ、機械化しても、機械のダウンタイムが多く、かえってコスト高になる状況も多い。

中国工場の生き残りのための道は、地道な現場改善、生産革新の積み重ねである。実際、生き残りのためにそういった活動に着手している工場もでてきた。以前は、賃金が安い中国で生産性をあげてもあまり意味がないという声も聞かれた。しかし、実は賃金が安くても改善の意味は十分にあることをそういう論者は理解していない。たしかに、生産性を3倍にあげた場合、人員が3分の1ですむだけのコスト効果で、賃金の安い場所ではその効果は小さい。だが、3倍に増産する必要が生じた場合を考えれば、生産性改善がなければ人員を3倍、工場を3倍に増設しなければならない。同じ工場と人員で生産性を3倍にすれば、そうした追加投資は不要になり、この経済的効果は大きいのである。

中国など発展途上の国が、中進国の罠に陥らないためのひとつの方策は、賃金高騰を打ち消すような生産性の向上である。日本企業は、１９６０年代の賃金高騰、70年代の原油高騰、80年代以降の円高といった逆境を生産性向上で乗り切ってきた。中国の工場が賃金高騰に比例して、コストも上昇するならば、その生き残りは難しい。賃金高騰をいかに打ち消すような現場の努力と能力構築がなされるかが工場単位で重要であり、それが国としての継続的な発展につながるはずである。

日本企業にとっても、自社の海外工場より日本工場のほうが現場力で優れているというのは必ずしも朗報ではない。ライバルなら弱くてよいかもしれないが、自社の海外工場が弱いことは深刻である。せっかく進出した海外の工場を、いかに強化するかが喫緊の課題である。海外工場の生産性改善にあたって、とりわけ重要な役割を果たすのが日本のマザー工場である。日本工場が牽引役となって、海外工場を指導、支援しないと、海外工場の現場力があがらないのが多くの企業の実態である。先に述べたように、20年かけてようやく本国の7〜8割という実態では、本国マザー工場をなくして海外だけにするわけにはいかない。ましてや、中国などのように海外でも機械化を進めていくとなれば、製造設備技術が必要になり、本国からの支援が不可欠である。本国マザー工場は、海外工場の立ち上げ支援にとどまらず、その後も海外工場に対する継続的な能力評価をしながら支援内容を変化させつつ、海外工場の能力構築を推進する必要がある。それと同時に、教えることがなくならないように、マザー工場自身もさらに進化していかなくてはならない。生徒を教えながら、先生自らも成長することが求められているのである。

しかし、そういった日本の工場にも共通の懸念材料がある。正規従業員の年齢構成が各工場共通の問題になっている。電機業界の現場力調査で、年齢構成について回答してくれた企業を合計してみると、20歳代が15%、30歳代が22%、40歳代が40%、50歳以上が24%となり、各社とも中堅、ベテランが多く、若手が少ない。多くの会社が、バブル崩壊後に採用をストップしており、それが技能継承、組織運営の大きなボトルネックになっている。また、その穴を非正規従業員で補充したため、正規従業員は従来よりも少ない経験年数で現場のリーダーを任されるという。

さらに、この状況に輪をかけて労働力不足の傾向がある。地方では、退職したシニア層の人口が増え、労働人口が減少しているため、慢性的な人手不足である。東北の震災復興のため、建設業界での雇用も増えている。こういった状況のなか、人数だけではなく、優秀な人材が確保できないと、ものづくり産業の将来は危惧される。

第3章

日本の現場は最強である――工場進化論

†ものづくりの標準化は競争力を弱める

中沢 私は30〜40人といった少人数で、生産設備の設計・開発を自分たちで考え、生産技術も自分たちで作り上げて、そしてプロセスイノベーションを日々行うといった、ものづくりの流れ作りが日常の現場を見ているのだけれど、そうではないところで、インダストリー4.0とか、IoTとか、人工知能といった単語が全部ごちゃ混ぜになって、オールジャパンはどうするのかみたいな議論が出てきて、またぞろ新たな空洞化論のような暴論が再来するのではないかといった危惧が、私にはあります。

「インダストリー4.0」について書かれた本や『2015年版通商白書』や『2015年

版ものづくり白書』なども、元ネタがすべてドイツのペーパーで、丁寧に読めば結局どれも同じです。たとえば、『通商白書』には「今ドイツで進んでいるのは、中小企業向けの自動化を進めるためのさまざまなアプリケーションの開発の政府プロジェクト」だとか、「中小企業への導入を念頭においたファクトリー・オートメーション技術（FA技術）の開発」だとか、いろんなことが書かれています。でも、そんなことは政府や研究機関ができるものではない。最初に述べたように、すべての会社は別々です。そんなアプリケーションがなんになるか、というのが私の印象です。

第5章の事例紹介で言及する会社のように、たとえばウインチを作る会社に対応したアプリケーションが「4.0」にはあるのですか？「4.0」には、ガラスを曲げてミラーを作るアプリケーションがありますか、という話です。大切なのは具体性です。パソコンのソフトなら、だれでも共有して使えるけれど、工場の工程はパソコンのソフトではなく、すべてがアナログでスタートするということがわかっていない人たちの議論にしか思えません。

他と異なっているという差別化された個別性が工場の強さなのであって、他社との標準化・共通化は、規格や品質・機能といった「結果」の部分であって、結果をもたらすプロセスまで同じであったら、競争力を弱めるというのが、私の意見です。藤本先生がかねて言っておられる能力構築競争とは、他と異なった、価格以外の付加価値を生産していく能力を作り上げていくシステムのはずです。世界中の工場を標準化して、インターネットで情報を共有するなどといっても、それぞれの企業は出して得になる情報だけを出すのであって、損をする情報は絶対に出しません。各種の白書、日刊工業新聞が出した本、東洋経済が出した本など、何冊か読んでみましたが、エンゲルスが言っていた「空想から科学へ」が社会主義の崩壊により、「科学だと思っていたものが単なる空想だった」と実証されてしまったように、今回も言っていることが滅茶苦茶だという印象のほうが強いのです。

本書の後半できちんと議論をしますが、最初にホンのひとつだけ指摘します。『日経ビジネス』誌は特集の「まるわかりインダストリー4.0」(2015年5月)で次のようなドイツの製造業の「4.0」の青写真(未来図)を示しています。それは工場のラインの仕事についてです。

まず「単純労働を機械に代替しながら働き手の職域がひとつずつ上がっていく」と予測し、次に「ワーカーの単純作業は機械に代替される」。そして「ワーカーは、生産ラインの采配など意思決定をするようになる」。また「生産ラインの管理者は自分のラインのみならず工場全体の設備・設計システムの専門家に」なって、「工場長は、工場だけではなく仕入れ先、顧客と連携してバリューチェーンに目を配るようになる」とあります。

私は驚きました。トヨタをはじめとする各社に聞きに行きなさい、とまでは言いません。そこまでせずとも小池和男先生が書いている一連の職場調査を読めばすぐわかります。こんなことは日本の工場ではずっと前から実行しています。先ほどの新宅先生の話にあるように、よい工場は、製造設備の設計・開発力をもっております。また20人、30人規模の職場（工場）でも、ベテランたちは設備・設計を熟知しており、また新しい生産設備の導入時なども最適解を皆で相談するのはあたりまえのことです。つまり『日経ビジネス』誌の紹介するドイツ製造業の未来図（青写真）は、「これまで」と「現在」の日本の現実でしかありません。また、さまざまな会社の工場長がどのように働いているかなども、新宅先生のレポートなどを読んでいただきたいと思います。（新宅ほか〔2014〕）

もちろんドイツには学ぶべき優れた点が沢山あります。また「4.0」論も詳細に点検し、プロパガンダやプロモーションの部分と、現実の進行の部分をしっかりと見分けねばならないと思います。その辺については、本書の後半部分で議論したいと思います。

たしかにヨーロッパは、プロモーションやプロパガンダ能力で優れていると思います。EUには1000万人前後の人口の国が多く、ISOのように標準化の必要が早くからあり、それゆえそうした能力があります。その一方で、ナショナリズムで言うわけではないけれど、現場のプロセスを見ている私からすれば、やはり日本流の生産革新は、そのASEAN展開などをみれば普遍性もあって、強いと思えます。

†ものづくりの2類型——インテグラル型とモジュラー型

藤本　生産革新やITや日本が得意な産業について考えるとき、アーキテクチャあるいは設計思想という考え方が非常に役に立ちます。そもそも設計とは、製品などの人工物の機能と構造の関係を、生産に先立ってよく考えることを言います。たとえば、自動車の機能つまり「振る舞い」は走り、乗り心地、安全性、燃費、見栄えなどからなり、自動車の構造つまり「姿形」は車体、車台、エンジン、変速機、電装系などからなります。

ある製品のある構造は、一定の環境下で一定の操作により、ある機能を生み出すという因果関係がありますが、そうした人工物の構造と機能の因果関係の内容を具体的に示す知識を「固有技術」と言います。たとえば、どんな形のエンジンがどんな馬力や燃費を生み出すかを示す因果知識が固有技術です。

一方、人工物の構造と機能の因果関係の形式を抽象的に示す知識を「アーキテクチャ」と言います。設計思想とも言います。たとえば先ほどの自動車の例では、5つの機能要素と5つの構造要素を挙げましたが、それらの具体的な内容は捨象して、機能と構造を対応づける結線の数を勘定し、その複雑さを調べるのがアーキテクチャ論です。ここで注目するのは、機能と構造をつなぐ線の抽象的なパターンだけです。だからアーキテクチャ論は、産業や製品を越えて、どんな人工物にも応用できるのです。

このアーキテクチャには、大きく分けて、構造と機能の関係が1対1対応ですっきりしている「モジュラー（組み合わせ）アーキテクチャ」と、構造と機能が多対多対応で複雑に絡み合っているインテグラル（擦り合わせ）アーキテクチャがあります（図2）。一般に、モジュラー型製品の開発は設計者間の調整努力を節約してくれる傾向があるので、アメリカに多い野球型、つまり個人の専門能力に頼る分業型の開発現場にはぴったりです。一方、インテグラル型製品の場合は、図2の↓の数でもわかるように、設計者

図2　アーキテクチャのタイプ（インテグラルとモジュラー）

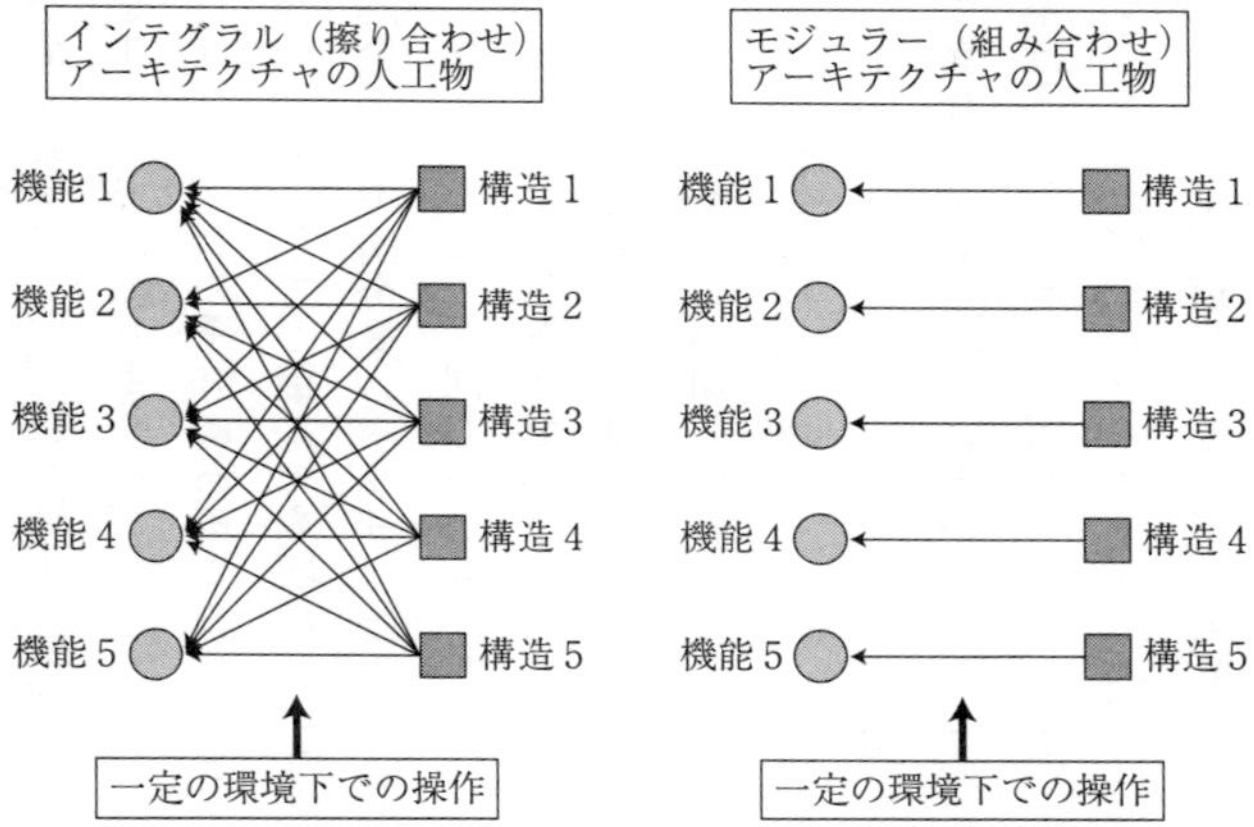

間の調整努力をたくさん必要とするため、日本に多いサッカー型、つまり多能的な設計者がチームワークで助け合う協業型の開発現場と相性が良い。つまり日本のサッカー型の現場は、調整集約的な擦り合わせ型製品で「設計の比較優位」を持つ傾向があるのですが、これについては後でまた話しましょう。

一般には、機能的に独立した標準部品を寄せ集めて設計するパソコンや自転車はモジュラー型寄り、機能的に相互依存した特殊設計部品を擦り合わせて設計する高機能自動車はインテグラル型寄りと言われますが、実際には、個々の現物の設計をちゃんと観察してアーキテクチャを見極める必要があります。「〇〇産業はインテグラルだ、いやモジュラーだ」と性急なレッテル貼りをすべきではありません。たとえば、パソコンは一般にはモジュラー型製品の代表なのだけれど、私の手許にあるこのパナソニックのノートパソコンなどは、電池が良くもつ、軽い、落としても踏んでも壊れないなど、けっこうアナログな部分に特徴があって、台湾企業や中国企業のパソコンに比べると、ずっとインテグラル（擦り合わせ）寄りといえます。そして、同じパソコンでも、こういう擦り合わせ型のパソコンは今でも日本で作られる傾向があります。事実このパソコンも神戸で作っていますね。

また、複雑な人工物、たとえば自動車やコンピュータや建物や企業組織は、多くの階層からなることが知られています。たとえばピストンはエンジンの部品であり、エンジンは自動車の部品であり、また、自動車自体も「カーライフ」という上位の層から見れば部品のようなものです。ここで大事なことは、アーキテクチャはそうした階層によって異なるかもしれないということです。たとえば、自動車技術者が設計する高性能自動車はインテグラル型寄りですが、その上位階層の「カーライフ」はモジュラー型寄りです。たとえばクルマのユーザーは、自動車、ガソリン、ローン、自動車保険、修理サービス、車庫、道路などを寄せ集めて自らのカーライフを設計するわけです。また、自転車は標準部品の寄せ集めでできるモジュラー型ですが、シマノの自転車用ギアコンポーネントの内部は極めて高度な擦り合わせアーキテクチャの製品です。

ある製品のアーキテクチャがインテグラル寄りかモジュラー寄りかは、その製品のサプライヤーシステムや購買プロセスにも影響を与えます。自動車のようにインテグラル型の場合は、製品ごとに個々の部品設計を最適化して、自動車メーカーと部品メーカーの共同開発で一から起こすことが多いので、サプライヤー関係は長期安定型になりやすい。一方、パソコンのようにモジュラー型の場合は、チップセットやコンデンサーのメーカーが市販の標準部品として開発したものを、カタログのなかから品番指定して購入すればよく、この場合は、サプライヤー関係は短期的に再編されうるドライなものになりやすい。どっちのサプライヤー関係が正しいというわけではなく、まさにアーキテクチャ次第です。

製品のアーキテクチャは、インターネットなどを用いた電子商取引にも影響を与えます。パソコンのようなモジュラー型製品になると、部品についても型番を見て、発注は「何番をいくつくれ」ですんでしまう。こうしたモジュラー型製品の標準部品の取引では、たしかにインターネット取引の効果は絶大で、かつてのデル（パソコン）など成功例も多くあります。

しかし、自動車のようなインテグラル型製品の場合は、事情が異なります。製品ごとにカスタム設計の部品を自動車メーカーとサプライヤーの共同で新規に開発することが多いので、自動車メーカーと部品メーカーの間では、10ギガバイトの3次元ソリッドモデルの試作部品設計図など、ファイルサイズも機密性も大きい設計情報が流れます。いまだセキュリティにも帯域保証（通信速度の最低限保証）にも難のあるインターネットではこれに対処するのは難しい。この場合企業間は専用線か仮想的な専用線（VPN）でつなぐのが合理的で、実際にたいていそうなっていると思います。デジタルはデジタルですが、デジタル取引がすべてインターネット取引なわけではない。

十数年前に、eコマース（インターネットを使った電子商取引）で、今のような熱狂がありましたが、あの時にも、eコマースありきで、まるで「e-commerce everything」だと言っている人たちがいました。しかし、そのときにトヨタの人たちが言っていたのが、「eコマースで使えるのは部品取引の10%くらいかな」でした。自動車は基本的にインテグラル型製品で、インターネット取引に乗りやすい業界標準部品などほとんどないのだから、当然の発言です。ところがこのトヨタの発言を聞いたアメリカの証券アナリストのなかには、「今流行りのeコマースに背を向けるトヨタの株は下がるべきだ」など、深く考えずにものを言う方もいました。さらに、インターネットで自動車部品の取引ができるといって出てきた会社がありました。コビシント（Covisint）という会社ですが、私は2001年ごろにわざわざデトロイトまで、下川浩一先生（法政大学名誉教授）たちと一緒に見に行きました。で、「ネットで鉛筆と消しゴムでも売るのですか」と聞いたら、「いやいや部品取引もできるのだ」と言います。しかしこの会社は、その後すぐに他社に吸収され消滅しました。自動車のアーキテクチャ特性をよく考えなかった当然の結果だと思います。

†汎用部品の限界をアーキテクチャから考える

藤本　このように、インターネットでの産業取引が万能ではないことは歴史的にも明らかなのに、またしても、インターネットでeverythingがOKだと言い出す人たちが出てきている。営業文句としてはわからなくはないけれど、さすがにeverythingと言われると、私などは「あのときのことを忘れて、また言ってるのか？」と一言いいたくなります。せめてinternet many thingsぐらいにしてほしいです。自動車とデスクトップパソコンはアーキテクチャ的には一緒ではない。

もうひとつ十数年前の話をすれば、当時フォードがある自動車モデルのあるボルトを、流行のインターネットオークションを使い、図面を示して世界中から募りました。そこで、特殊設計の高機能ボルトを作って日本メーカーの評価が高かった日本のA社もオークションに参加しました。ところが、入札の画面上で価格はみるみる信じられない値段にまで下がり、A社は2、3時間で敗退します。その後も、それこそ将棋の持ち時間のカウントダウンのようにあと数秒というタイミングで価格が更新され、それが延々と続く。結果的には中国の会社がもっていったそうですが、A社から見ればお話にならない金額だったといいます。このため、いよいよ自動車もパソコンで部品が供給される時代になって、ボルトもすべて汎用部品でまかなわれてしまうのかとA社の幹部も心配したわけです。

ところが、しばらくしたら当のフォードからA社に連絡があります。曰く、「あの時は残念でした。ところで、おたくとあらためて相対で、特殊設計ボルトの長期取引をしたいが、いかがか」と。たしかに日本車には、汎用ボルトでよいところまで特殊ボルトを使う過剰設計の傾向もありますが、やはりエンジンに使うボルトなどは、汎用ボルトでは3年も経てばガタガタになり、そうなれば、クルマの中古価格がガタ落ちします。実際、当時の米国市場で3年物の中古価格を比べれば、たとえばトヨタ・カムリやホンダ・アコードが新車価格の50％落ちならフォードは70％落ちというほど差がついていました。普通のアメリカ人は中古の下取価格まで計算に入れてクルマを買いますから、このままではフォード車のほうが新車で2000ドル安くても、多くの消費者が日本車を買うでしょう。ボルト1本が安いのどうのと言っている場合ではありません。

やはり、クルマは基本的に擦り合わせ型アーキテクチャの製品であり、性能要求からみて大事なところには多少高くても特殊設計ボルトを使わなければいけない、ということにフォードもあらためて気づいたのでしょう。要するにクルマはパソコンとはアーキテクチャが異なるのです。

このように我々は、産業を現場・現物から捉えていくのが流儀です。だから、製品の現物の中身をよく調べて、固有技術やアーキテクチャの特徴をつかんでから、それを戦略提案や政策提言に反映させます。「○○製品はコモディティだから日本は負けるよね」といった固定観念は持たず、流行も鵜呑みにせず、まず現場と現物をよく見るところから出発する。ここまで見てきたアーキテクチャ論も、一種の現物論です。

†流れ改善に対する国の支援強化を

藤本　現場は、流れ改善技術と固有生産技術を両輪として回っています。これまで、国の産業技術支援は、新鋭設備を買ったらいくら補助する、といった固有技術支援に偏る傾向があり、一方の「流れ改善技術」への支援は軽視される傾向がありました。経済産業省は2014年あたりから「ものづくりカイゼン国民運動」を打ち出して、地域の「流れ改善技術」の支援にも力をそそぐようになってきており、私はこれを高く評価しています。私はあちこちで「ものづくりは流れ作り、流れ作りは流れを作る人づくり」と言って歩いていますが、要するに流れ技術支援の根幹は、全国各地で「良い設計の良い流れ」を作れる人を育てることなのです。

しかしながら、経産省にしても中小企業庁にしても、まだまだ「設備を買ったら補助金」というのが手っ取り早いのでそちらに偏りがちで、地道な人づくりを必要とする流れ改善技術への支援体制はまだ確立できていません。これだと全国に「先端技術設備の離れ小島」がたくさんできるだけかもしれません。産業とは付加価値の「流れ」であり、離れ小島が増えても産業は起こらない。是非とも「箱ではなく流れに支援する」という発想で今後も良い産業政策を作ってほしいと思います。中小企業の「よろず支援」も、バランスシート改善だけを言っているところはあまりうまくいかず、流れ改善と商売改善とバランスシート改善がよろず屋的に連動してうまく回っている自治体が成功しているように見えます。現場の体質改善が企業の財務改善につながるという発想で頑張ってほしい。

また個人的には、瞬発力が強みの経済産業省と、長期支援が強みの厚生労働省が連携し、地域の流れ改善や改善人材育成に安定的に取り組んでいただければ、日本の現場はずいぶんと良くなると信じます。厚生労働省もまた、いまのところは固有技能の訓練支援が中心で、地域の流れ改善人材の育成はあまり重視されていませんが、私は、両省が連携して取り組めば、日本のものづくり現場はさらに強くなると期待しています。

†生産技術と製造技術は異なる

新宅　経済産業省の産業構造審議会の製造部会でお話していても、なかなかわかってもらえない現実がありました。

製造現場の生産性を上げるには、ひとつには設備の問題があります。先端設備をいかに開発していくか。それはそれで、もちろん重要です。だけど、もうひとつに、別に新しい機械を入れるのではなく、今までの設備の中で作業を改善していく、現状の設備でその使いこなしを改善していく、という方法があります。たとえばトヨタでは、このふたつを明確に分けて、生産技術と製造技術と呼び分けています。

ところが、国の政策のなかには後者の概念が、これまではまったく抜け落ちていました。こうした背景があったので、「ものづくりカイゼン国民運動」は、私たちから仕掛けていきました。その際に思い知らされたのは、政策立案の現場の人たちには、そもそも概念がないということです。話をしても、概念がないから言っていることがさっぱりわからず、伝わらなかった。

それでもようやくわかってくれる官僚が出てきて、その方たちが動いて根づいてきたわけですが、彼らにとって悩みの種が政治家への説得でした。政治家がわかってくれない。企業内でいえば、現場はもちろんわかっていて、現場を知っている経営者もわかっているが、現場を知らない経営者はわかっていない。そして、企業を離れて見たときに、政策を作る人たちのなかでも、わかる人の数が非常に限られている。上にいけばいくほど、理解する人の数は減っていき、そして、大臣がまったくわかっていないというようなことが起きがちです。

このふたつの技術という概念は、ものづくりを考えるうえでは基本中の基本なので、現場の人だけでなく、社会的な周知が必要なのだけれど、こうした構造が現実で、なかなか陽が当たりません。

中沢　政治家も実績がほしいものだから、次から次へと新しい政策を作らせようとします。行政のトップも同様だし、それらのトップである政治家が自分たちの業績のために、やれ先端技術だなんだと、とにかく新しいものに飛びついていきます。

藤本　少数ではありますが、なかには各党の産業系の議員さんのように、深く理解している方々もいます。ただし、数は少ないです。私も政治家の集まりに行ってお話をすることがありますが、やはり金融や財政や税制のように、自分が操作に参加して結果が即効的に良く見える政策の方が、政治家の方々にしてみれば意欲がわくのでしょう。その点、現場発の産業政策は地道で成果がすぐには見えない。その結果、金融財政についてはきわめてすぐれた識見をお持ちの方でも、産業の話になるとまるでわかっておらず、その年に私がレクチャーしたお相手のなかでも成績最悪ということもありました（笑）。

優秀な政治家のなかにも、産業論は完全に落第みたいな方々は残念ながらおられる。

ようするに、地道な人づくり支援などは自分の手柄になりにくいということなのかもしれません。現場が頑張ったから経済がよくなりましたでは政治の手柄にならない。むしろ、「中小企業は全部かわいそうだから、政治が手を差し伸べて全部救うのだ」という話のほうがわかりやすい。国会質問などを見ていても、ときに「みなさん中小企業の厳しい現実がわかっているのですか？　どこもみな大変なんですよ」などと言っている議員さんもおられるけれど、地域の中小企業には、儲かっているところもそうでないところもあり、儲かっている人はたいてい黙っている。一方で儲かっていない人が陳情に来るでしょう。「中小企業は全部かわいそうなのが現実です」と主張されると、「現実がわかっていないのはあなたのほうではないの？」と突っ込みをいれたくもなります（笑）。

むしろ必要なのは、元気のよい中小企業にフロントランナーとしてもっと走っていただく支援をし、それを刺激に先頭集団をスピードアップさせることです。お役所も近年はその方向に動いていると思います。そのペースについていけない脱落企業の救済策はまた別の話です。まさに中沢先生のおっしゃるように、かわいそうな中小企業はいるが、中小企業すべてがかわいそうなわけではない。この考え方がまだ徹底していない。

†行政は現場に任せよ!

新宅　そうすると、へんな補助金を出してしまうことになる。強いところをより強めるのに必要だから補助金を出すというならわかります。ここで思い出すのが、藤本先生の「産業政策と社会（福祉）政策は違う」という名言です。産業政策というのは、強いところをより強くするためにお金を使うことであり、かたや弱い人を助けるためにお金を使うのが社会（福祉）政策で、このふたつは分けて考え、産業政策が社会（福祉）政策になってはいけない。福祉政策的なことが、企業にも必要だということは、わかるのだけれど、それが産業政策のメインになってしまってはいけません。

藤本　いちばん遅いランナーのお尻を政府がオイコラと押す護送船団方式というのは、まさにこのふたつがごっちゃになった典型的なお話です。いまは「フロントランナー支援方式」が主流であるべきでしょう。

中沢　現行の中小企業基本法は1999年に改正されました。この改正では、「頑張る企業を支援しなければ雇用が増えないし、産業が強くならない、だから全体の底上げを図ることより、がんばるところを支援する」ことに力点がありました。つまり、強いところと弱いところに対する政策は分けるべきであるという思想が、当初のコンセプトにはあったのです。ところが、民主党が政権をとったときに、ふたたび後退しました。強いところを支援するのはおかしい、となった。そこには、中小企業論をテーマとする学者同士のいがみ合いなどが背景にありました。

それから、平均値で物事を考えるのも困りものです。たとえば、製造業の同一規模内の売上高経常利益率を見ると、上位25%の会社が、大企業も中小企業も10%から15%程度でそろっています。ところが、下位25%になると、大企業はマイナス5%程度で下げ止まりますが、中小企業を見ると20から25%ぐらいまで下がります。よいところと悪いところの差が、40%近く開きます。大企業ではそれが20%程度です。この数字から平均値を出せば、中小企業は全部ダメに見える。けれど、上位を見れば25%が、利益率15%を保っていることに変わりありません。『中小企業白書』2015年版で企業数だけを見れば中小企業の方が利益率の高い会社が多いのです。にもかかわらず、平均値を見るから、こんなに利益率が低いのだからかわいそうではないか、という話になり、それに沿ってさまざまな政策を作ります。

むろんそれらの政策効果もないわけではない。たとえば、中小企業は欠損金の繰越控除、減価償却のしやすさ、設備投資の税額控除、法人税の低減、交際費の優遇といった、さまざまな細かい政策のおかげで、今では黒字が出ない、出さずにすむ方法がたくさんあります。

これを踏まえて、2014年にできた「小規模企業振興基本法」を見ると、製造業と建設業と運輸は20人以下、小売業は5人以下という新しい区分けができました。ここまでいくと、賃金が固定費ではなく変動費になっている。儲かれば、よいクルマを買ったり、従業員にボーナスを出して黒字を出さず、経営が苦しくなると、たいがいが身内雇用なので「おじいちゃん、ちょっと今年は休んでいてください」「おばあちゃん、休んでてね」という具合に人員を減らします。その後にまた経営が上向きになれば、すぐに復帰させます。寝たきりだろうと、社員に登録して賃金を支払います。こうしていつでも黒字を出さない。これは政策効果です。政策効果によって、中小企業には黒字が出にくいという構造もあるのです。

とはいえ、大企業でもJALに対して数千億円というお金を政府が出し、あるいはさまざまな半導体の工場が傾いていった際にもその再建を目論んで数千億円という無駄を出しました。こうした額を合計すれば、中小企業だけが政治の恩恵を受けているわけではないという気もします。しかし、そのうえで、さきほど新宅先生が言われた政治家のさまざまなアイデアにしても、役所が先頭に立って号令をかけ始めると、あまりよいことがないというのが私の印象なのです。政府の側があしろこうしろと指図するよりも、産業の側から出てきたアイデアを形にしていったほうが有効なのではないかとさえ思います。

藤本 私は、国も自治体も行政には地域に「良い現場」を残すことに集中してもらえばよいと思います。良い現場さえ残れば、あとは彼らが生き残るためにジタバタする（頑張る）から、彼らの「存続する意思」に任せたほうがよいと思っています。企業の利益追求行動に自由を与えよ、というのが現代の主流派経済学の考えで、私も原則は同意しますが、同時に、地域的存在でもある産業現場の生き残り追求活動にチャンスを与えよ、というのが現場発産業論の考え方です。特に地域性の強い地場の中小製造業などの場合は、現場の2階に社長室があるようなケースがほとんどで、企業が現場密着といえますが、中小企業であれ大企業の生産子会社であれ、とにかくそれらの「良い現場」が生き残って、企業の利益にも地域の雇用にも産業のイノベーションにも貢献できるように、国や自治体もやれることがあるでしょう。たとえば、地元の工場が閉鎖されそうになったら、買手を紹介して工場売却で現場をつなぐなど、企業を説得しインセンティブを考え、あとは生き残った良い現場の「草の根イノベーション」の努力にまかせればよいという気がします。

†草の根イノベーション——ジタバタする現場は強い

藤本　もちろん一方で、先端技術にたいする大規模な国家支援は、それはそれで必要です。数百億円をかけてノーベル賞を狙える研究環境を整えるといった話も大事です。しかし、それ以外のところで、とくに全国の無数の現場で起きている多数の小さな革新、つまり「草の根イノベーション」も大事にしたい。草の根イノベーションは「現場がジタバタすること」とほとんど同義で、良い現場は言われなくても実行しています。というより、それをしているのが良い現場でしょう。

さきほど来の例示に見るとおり、プロセスイノベーション（process innovation　工程革新）とプロダクトイノベーション（product innovation　製品革新）の両輪があってこそ、厳しいグローバル競争下でも「良い現場」は利益確保と雇用確保を両立できます。良い現場は、放っておいても生き残りのためにそれらをやっています。要するに、現場が生産性を上げ、社長が仕事を取ってくる、ということです。では、なぜそこまで頑張るのかと社長や工場長に尋ねれば、「親父にリストラはするなと言われた」「リストラなどしたら、この町で私は表通りを歩けません」といった答えが返ってきます。

その一方で、中沢先生のおっしゃるとおり、ちょっと儲かると税金を節約するように、交際費やら高級車やら、その儲け分がいろいろなものに化けます。かといって赤字になると銀行が入ってくるので、苦しくなると資産を売ったりして調整して、マイナスにならない努力をする。その結果か、中小企業の報告利益率は、ゼロよりちょっと上のところに集中する傾向があります（首藤〔2010〕など参照）。

高級車や交際費で税金を節約するなど、中小企業の多くは利益操作といわれても仕方がないことを一方でやっていますが、その同じ中小企業主が、「いざというときにも正社員は全員残す努力をします」ともおっしゃることも多いわけです。たしかに彼らは聖人君子ではないかもしれませんが、それでも、地域の中での雇用安定という点では大きな貢献をしてきたと思います。

とはいえ、5人前後といった零細規模になると、今度は後継者の問題があります。後継者がいないので廃業せざるを得ない中小零細企業が今も多数ある。しかしその場合も、彼らの多くは、廃業で従業員を路頭に迷わせたくないと考えます。そこで、会社の引き取り先を探しますが、地元では噂が立って不都合なのか、すこし離れたところで買手を探すことが多いようです。

私がよく知る神奈川県の金型系の中小製造企業では、長男と次男が順調に育って幹部になっており、ようするに後継者がいます。すると、あそこは基礎的な経営力があるとみなされ、「うちの会社をおたくで引き取ってくれないか」といった話が次々とくるようになった。そうこうするうちに、もともとは半世紀前に4人で始めた会社が今では企業買収も含め100人以上になりました。

この場合、中小企業の数は減っているが、じつは現場は残っており、雇用も概ね確保されているわけです。ちなみにここの社長は技術屋上がりで人情も信念もある人で、売る側の気持ちも察して、買収した工場の旧社名を残していますが、経営的には人を送り込んで買収先の経営改善や現場改善を進めています。

†地域で生き残るために現場が進化する

中沢　企業の姿が替わりながら現場が生き残っているということでは、彼らはしたたかに業種転換も行いますね。会社名と中身がまるで異なるといったケースが、すくなくありません。

藤本 たとえば、絹糸紡績からモーターや電子機器へと事業を転換した長野県のシナノケンシとか、同じく繊維産業から転換して今は無人ヘリコプターや真空成形やスイッチの製造下請けをやっている広島県のヒロボーとかですね。

中沢 そうそう、たくさんありますね。ヒロボーなどが典型的です。広島紡績が、今は三菱電機のデバイス類でブレイカーを作ったり、ヘリコプターを作っています。

藤本 そうやって、約600人をちゃんと雇用している。

中沢 備後《びんご》・府中にあるヒロボーの周辺はかつて繊維産業が盛んで、すぐ近くには旭蝶繊維という会社もあります。沖縄返還のときに、繊維業界の小さな会社は機械を買い取られて消えていきました。それでもアパレルは残った。たとえば今は本社が福山にある洋服の青山も同じ府中の会社です。もちろんヒロボーは、府中でがんばっています。旭蝶繊維は、学生服や作業服を作るアパレルメーカーでしたが、どんどん進化して、今では、マイナス40度の中で作業する際に着る服や、あるいは逆に消防士が着る耐熱服など、さまざまな特殊作業に応じた服を作っています。この会社が冷蔵倉庫内作業用の服を作るにあたって規格などを標準化しようとしたときに、ＩＳＯの取得を考えました。ところが、いざＩＳＯを取ろうとしても、ＩＳＯがそれに対応できていませんでした。そこで、この会社の社長がヨーロッパに行って、自分でＩＳＯ規格を作っていきました。このように、進化・変化していくのも、その地域で生き残るための必死の努力です。

藤本　生き残るために、元の産業で頑張るカイハラのような会社もいれば、産業を替えていくヒロボーのような会社もある。後者の場合、工場の敷地内で産業構造転換が起きることも少なくありません。

これを踏まえたとき、政府の今の産業政策に多少意見があります。「産業の新陳代謝がある」というのは、そのとおりで、「日本は産業の新陳代謝が遅いのでこれを促進すべきだ」との政府の見解には異論ありません。しかし、そこから「だから、工場のスクラップ・アンド・ビルド（scrap and build）を促進すべきだ。つまり衰退産業の古い工場は潰し、雇用を流動化し、新産業の新設工場で彼らを雇い、もって産業の新陳代謝を達成すべきである」という結論を引き出すのは、全くの間違いとは言わないが、やや現場の動態を正確にみておらず、外れている面もあると思います。たしかに設備の融通のきかない一部の専用工場はスクラップ・アンド・ビルドが必要かもしれないが、日本の国内現場の多くはもっと汎用的で、そういうところでは、工場の敷地内で産業構造の転換がどんどん起こっています。つまり、工場のスクラップ・アンド・ビルドや雇用の流動化がなくても、利益と雇用の二兎を追う現場指向の企業は、産業の新陳代謝にかなりの程度ついていくことができるのです。

たとえば私の親戚の太田邦博氏は、品川の立会川で自動車のレーシングパーツを切削加工する中小企業をやっています。当然、設備も技術力も高度です。ところが、少し前に久しぶりに訪ねてみたら、住宅街の中にある本社工場の1階の景色が以前とはまるで変わって、高価な切削加工機械の代わりに、レーザー加工機が並んでいました。何をやっているのかと思ったら、医療機器の精密部品です。60歳代の太田氏は最近社長を後進に譲り会長になりましたが、「図面は私が引いてるよ」とのこと。建物の外見も従業員もほとんど変わりませんが、まさに敷地内で産業構造の転換が起こりつつあるのです。

中沢　やはりヒロボーの近くに、北川精機という中堅メーカーがあります。この周辺は歴史的に、箪笥などの木工家具の町でもありました。この会社は、合板を作るプレスのメーカーからスタートし、箪笥その他の木工家具の化粧板をくっつける仕事から始まりました。ところが、木工家具を作る仕事がだんだんなくなってしまって、プレス技術を磨くことで、たとえば半導体のプレスができるようになってきます。そして今では、たとえば東レやテイジンの新しい繊維を重ねていく技術を開発しています。きわめて薄い炭素繊維を飛行機の外板にするには、それを数ミリの厚さになるまで何重にも重ねなければなりません。縦横のバランスなども考えながら、プレスによって重ねていきます。化粧板のプレスをしていた会社が、40〜50年の間に、いつの間にか炭素繊維のプレスができる会社になっているのです。

木工家具ではなく、プレスという一点にコンセプトを絞り込んで、生き残るために業種転換をしていった。必死になると、こうしたことも可能になる。これが、木工家具はもうダメだから業種転換しなさい、従業員たちはもっと先端的な業種を選んで転職しなさい、といっていたならば、この地域はもう終わっていたでしょう。まして、よい仕事が簡単に見つかるわけでもありません。それなら、そこで頑張るというのもひとつの手です。

†キーワードは高機能――モジュラー型では負ける

藤本　一方に、カイハラのようにあくまでも繊維産業にこだわりその最先端をいく会社もあり、一方にシナノケンシのように繊維産業から電子産業へと完全に事業転換した会社もある。それはそれぞれの道なのだけれど、ようするにどちらにしても、なんとかして地域で生き残ろうとした結果なのであり、それこそが日本の現場のすごさです。

ではどんな産業や製品で生き残るのか。このときにキーワードになるのが、設計論的な意味での「高機能性」や「制約条件の厳しさ」だと思います。一般に、機能要求や制約条件の厳しい製品は、機能×構造の設計連立方程式が解きにくくなり、最適設計のインテグラル・アーキテクチャになりやすいからです。たとえば、機能性化学品は日本が強い、あるいは自動車にしても日本が北米などに輸出しているのは低燃費あるいは高機能な自動車です。造船でも、高機能で低燃費の貨物船やコンテナ船は日本に輸出拠点が残っています。繊維製品だって、高機能なユニフォームやジーンズやファッション素材なら輸出のチャンスがある。一般に、設計にとっての制約条件がきびしかったり、機能要求がきびしかったりすれば、設計理論的には、擦り合わせ型の製品になりやすいと予想できます。先端産業でも古い産業でも、この原理はおなじです。なので、大雑把に「○○産業がハイテクなので日本がやるべきだ」とか「○○産業は古いので海外に移すべきだ」などといったレッテル貼りは、もうやめたほうがよいと思います。むしろそうした先入観を持たず、個々の現物の設計のありようを虚心坦懐に観察すべきです。その一つの目安として私は、日本の現場との相性から言って、擦り合わせ型すなわち「ややこしい設計」の製品は、どの産業でも日本の現場が生き残れるチャンスが高まるので注目せよ、と言い続けているわけです。

たとえば、日本企業はDRAM半導体ではサムスンなど韓国企業に追い抜かれましたが、セラミック・コンデンサーではまったく負けていません。セラミック・コンデンサーでもサムスンは技術人材の大量引き抜きなどで攻勢をかけてきましたので、ここも逆転されてしまうのかなと思いましたが、そうはならなかった。ではこの、半導体とコンデンサーの違いはなんだったのでしょうか。本社の戦略構想力の差もあったでしょうが、DRAM企業がコアの設備を外から買ってくるのに対し、コンデンサー企業はそれぞれ内製で作り込んできたこと、つまり工程アーキテクチャがインテグラルかモジュラーかの違いが大きかったと私は思います。そもそも「日本はハイテクなら勝てる」というのは幻想だったわけで、どんなにハイテクであろうとも、それがハイテク部品の寄せ集め、あるいは、ハイテク設備の寄せ集めであれば、それは製品や工程がモジュラー型アーキテクチャの製品であり、分業型ものづくりを得意とする米国や韓国や台湾や中国の企業や現場に追い抜かれる可能性が高まるのです。

新宅　ハイテク汎用設備ですね。それこそ中沢先生のお話（第5章）に出てくる中小企業でも、ちょっとしたものを作るために、設備からすべて自分で考えるというものと、液晶などのように、基本設備を買ってくればラインができあがってしまうものがあるということです。

藤本　セラミック・コンデンサーになると、私が工場を拝見した限りでは、TDK、村田製作所、太陽誘電など、各社でそれぞれ生産工程がまったく異なります。たがいに真似しないのです。ところが、まったく違う作り方をしているのに、スマホのメーカーなどから見れば、たとえば定格容量の0402のコンデンサーは日本製ならどこのメーカーでも同レベルの性能で、ほぼコモディティといえる状況です。日本企業はコモディティでは負ける、という固定観念もこの際、見直した方がいいですね。

新宅　私も主要メーカーをほとんどめぐって、なかなか見せてもらえないところをなんとか見せてもらった範囲でいえば、具体的には言えないながら、明らかにメーカー間で違うなという感じです。

藤本　なかには泥臭い作り方の会社も、スマートな会社もあって、実にいろいろですよね。

†内部に隠す情報、外に公開する情報

新宅　インダストリー4.0でも、外に漏らせない内部に隠しておかなければいけない情報と、外とつながるために公開する情報、このふたつをちゃんと切り分ける必要があると思います。インターネットでもなんでも、情報を公開すれば売り先が広がるというのであれば、それはそれでよい。コンデンサーは、それを実現していると思います。

コンデンサーは、作っている会社がそれぞれに独自の技術で作っていますが、できあがったものの大きさと電気容量は標準化されています。コンデンサー業界では、小さくしながら電気容量を稼ぐという開発の基本的な流れがあり、０６０３（0.6ミリ×0.3ミリのサイズ）の次は０４０２、さらに０２０１と進歩してきた。業界トップの村田製作所では、次の世代の開発が終わるほんのすこし手前でＩＥＣ（International Electrotechnical Commission　国際電気標準会議）という標準化団体へいき、自分から提案して次世代の国際標準をとってしまう。そこで次世代のサイズは０４０２といったふうに決まります。ある企業が０５０３を開発していたとしても、それは市場から淘汰され、すべてのユーザーは次世代標準である０４０２を購入するようになります。すると、０５０３を

開発していた競合メーカーも、標準の0402に開発ターゲットを変更する必要に迫られます。こうやって、各社が業界標準のサイズのコンデンサーを生産するようになりますが、さきほど指摘したように、その製造方法は各社の独自ノウハウです。コンデンサーの内部と製造方法は各社が独自に擦り合わせながら、製品としては標準品として競争している状態です。

これは、擦り合わせ度が高い標準品を広く売る仕組みが作れたケースです。これができるならば、どんどんやればよくて、インダストリー4.0にしても、中まで丸裸にする必要はなく、必要な情報だけを公開していくならば、大いに活用すればよいと思います。

中沢　そうして、自分に都合がよく、知ってもらうことが必要な誰もが流せる範囲の情報しか出さないから、さしたるものはできないだろうと思ってしまいます。

藤本　だからこそ、工場の中の勝負になります。中の勝負であれば日本は強いので、そうそう負けることはないでしょう。

†強い会社は国際標準を活用する

新宅　国際標準の研究を重ねてきて、最近気づいたことがあります。グローバルニッチトップという言葉が流行っていますが、日本の中小企業で、国際標準を上手に使っている会社がいくつかあるのです。日本の優秀な中小企業が世界に販路を広げていくときに、自らいちいち個別に客先に出向いて説明するのはたいへんです。しかし、国際標準であればその必要がありません。そしてこの国際標準が、国際標準でありながら、よくよく見てみたら、どの企業でも作れるモノではなくて、日本のあの企業にしかできない、ということもあるわけです。こうしたケースでは、彼らにとって国際標準がたいへんに有効な販売マーケティングツールになります。

藤本　我々が考えてきたアーキテクチャの位置取り戦略でいえば（藤本〔2004〕など）、「中インテグラル・外モジュラー」で、つまり、製品の内部は簡単に真似されない中インテグラル型だが、顧客の製品はモジュラー型なので外モジュラー型の標準化戦略を仕掛けることができるわけです（図3）。小川紘一さんが提唱している「オープン&クローズ戦略」も基本的な考え方はこれと一緒だと思います（小川〔2015〕）。

中沢　また、標準化したものでも、その標準品を作る生産能力が、圧倒的に高いのも日本です。

第5章で紹介しますが、ミスミなどに卸したり、インターネットで部品を販売してい

図3　アーキテクチャの位置取り（ポジショニング）戦略

自社の製品・工程は？ ＼ 顧客の製品・工程は？	インテグラル（カスタム設計を要求）	モジュラー（標準品を要求）
インテグラル	中インテグラル・外インテグラル 日本の自動車・2輪部品 自動車用高機能樹脂 日本のASIC半導体 コピー・プリンター消耗品	中インテグラル・外モジュラー インテルCPU、シマノ（ギア） 信越化学（半導体シリコン） 村田製作所（コンデンサー） カイハラ（ジーンズ生地）
モジュラー	中モジュラー・外インテグラル デル（カスタマイズPC） デンソー（電子部品） キーエンス（ソリューション）	中モジュラー・外モジュラー 汎用樹脂、 汎用グレード鋼、 汎用液晶、DRAM

（出所）藤本（2014）などより作成

る岩手県花巻市の会社があります。24時間体制の部品加工で、午後3時までに注文を請けたら翌朝9時には届ける。こうしたシステムは、今さら新規の参入ではできません。

藤本　中アーキテクチャはインテグラルにして人に真似はされないけれど、外モジュラーにして標準を取りにいき、どこにでも売れるようにして量産効果を狙うわけですね。ミスミにしても、ほんとに擦り合わせ的なものは、駿河生産プラットフォームなど、社内で作っています。ほぼ無限大の種類のパンチプレスを、5つぐらいの設計パラメータで完全に表現し、1本ライン1人セルであっという間に加工して出荷してしまうのは見事です。

中沢　ミスミの取引先などを調査してみると、どこもすごいです。

藤本　あれを見ると、むしろ現場に関する限りは日本の方が「インダストリー4.0」が描く姿に近いのではないかとの印象を持ちますね。

新宅　つい先日、自動車用ボルト・ナットを生産する日本企業の中国工場を訪ねました。今や中国の民族系の企業でも、ボルト・ナットが大事だということに気づいて、その工場に買いにきているそうです。

藤本　さっきも言いましたが、いくら安いといっても、エンジンが3年でガタガタになるようでは、中古価格の下落は10万や20万でききません。ペイするわけがないでしょうね。

新宅　今は排ガス不正の問題を抱えていますが、それはそれとして、フォルクスワーゲンは中国でもとても強い。その強さの源泉として、ワーゲンは中国でほとんどの部品を現調（現地調達）できたと言います。そこでボルトはどうかと尋ねてみました。エンジンの内部に使うボルト・ナットが、きわめて重要で、フォルクスワーゲンも、いまだにこれだけはドイツから入れているそうです。

藤本　自動車1台あたりのボルトの数は、高級車ならバブル経済のころは5000本で、今は4000本以下でしょう。そのなかには、安いボルトでもよいところもあるでしょうが、そうはいかず特殊設計ボルトが必要な部位は残ります。

新宅　買い方の問題もあります。先の日系中国工場が、中国自動車メーカーからA級サプライヤーとして認定されて、発注の打診がありました。ところが、まとめてドンととんでもない買い方をしてきます。これでは、このあとしばらくは発注がないだろうと予想されます。「年に一度の発注か？」と考えてしまうくらいの膨大な量です。それでも納期が平準化されていればよいのですが、それもありません。かねてから日系自動車メーカー相手に平準化された生産で設備を動かしてきたこの日系工場からすれば、こんな発注が舞い込んでは生産計画が混乱します。そのため、こうした買い方をする企業とはおつきあいはできませんと、お断りしたそうです。

これは、インターネット購買でも同じです。このような企業にしてみれば、インターネットで買い叩き合いをした挙句に、ドンとまとめて発注されても困ってしまいます。サプライヤーがどのように動いているのか、その製品はどんな性質をもっているのか、それらを理解せずに、IT企業が勝手にインターネット経由の競争入札的なITシステムを作っても、利用されません。さきほどお話ししたコンデンサーのような製品であれば、擦り合わせ型製品ではあっても外に対しては標準品になっているので、eコマースやインダストリー4.0のようなことも、やろうと思えば近いことができると思います。たしかにEMSなどは、そうした買い方もしていました。顧客ごとに独自のコンデンサーといったものがないから、そうした買い方にもある程度対応できたのです。

†高機能な擦り合わせ型製品で生き残りを図れ！

藤本　ではデンソーのような1次部品サプライヤー（いわゆるTier1）は、今後どうなっていくのか。私は、ビジネスがふたつに分かれていくのではないかと思います。

まず、デンソーの売上の約半分を占めるトヨタ自動車は、燃費にしても排ガスにしても安全性にしても制約条件は増すばかりなので、これからもトップメーカーとして高機能化路線を突き進むしかありません。しかし排ガスや燃費や安全問題などは、設計連立方程式を解くこと自体がきわめて難しくなっており、あちこちの部位でぎりぎりの最適設計が必須です。トヨタも数年前にプリウスのブレーキ問題でこの連立方程式を解きそこなったし、2015年にはフォルクスワーゲンがディーゼルエンジンで窒素酸化物と煤煙や二酸化炭素排出（燃費）のトレードオフ問題を解き切れず、苦し紛れに分身の術のような悪質なカンニングソフトを使ってしまった。こうした社会的制約条件がきびしいなかで、先端的な自動車を作っていこうとすれば、最適設計で高機能化を追求するしかなく、それはとりもなおさず、ある程度は擦り合わせ型アーキテクチャで作っていくしかないことを意味します。したがって、この戦線でトップ集団を走るトヨタに対しては、デンソーは、あくまでも徹底的な外インテグラル（外擦り合わせ）戦略、すなわちトヨタ車の中インテグラル設計に徹底的に付き合っていく必要があるでしょう。

その一方で、こうした厳しい制約条件に単独ではついていけない自動車メーカーも今後は増えるでしょう。中国やインドなど新興国のメーカーはむろんのこと、欧州など先進国でもそうした第2集団の自動車メーカーが増えてくるでしょう。そういうところは、デンソーやボッシュのようなグローバル・サプライヤーが用意する、連立方程式を事前に解いてくれた部品セットやモジュールを標準品のように買うようにならざるを得ないかもしれない。つまり「モジュールにして持ってこい」の自動車メーカーが増えてくる可能性がある。そうした企業相手には、インテル型の「中インテグラル・外モジュラー」に近い商売が成立するでしょう。基本的に「うちの標準部品セットを買ってください」という商売です。ただし、キャリブレーション（calibration　調整）すなわちいわば擦り合わせを事前に行って、顧客の製品に合わせ込む作業も自分で引き受けます。携帯電話の時もそうでしたが、中国のブランド企業などは、こうした「持ってこい」モデルに飛びついてきます。

こうした「中インテグラル・外モジュラー」の標準化ビジネスでシェアを取れれば、高利益の商売が期待できるので、トヨタ以外の限界的な海外企業に対してはこれを売り、トヨタに対しては、あくまで超インテグラル路線でタッグを組んで擦り合わせた製品を「中インテグラル・外インテグラル」あるいは「中モジュラー・外インテグラル」で作っていくのではないかと私は予想します。トヨタ向けの最適設計部品で先頭集団との商売を押えつつ、外モジュラー標準化路線で第2集団との商売も押える。おそらくは、こうした二正面作戦が展開されていくのではないでしょうか。

そもそも、製品全体への機能要求や制約条件が厳しくなるなかで、製品メーカーが設計の複雑化に押しつぶされないように、その製品のモジュラー化、つまりモジュール分割を進めようとする場合、そのモジュール自体の設計には大きな負荷がかかり、モジュール自体の中インテグラル化（擦り合わせ化）は不可避でしょう。こうして、複雑化が進む製品では、中インテグラル・外モジュラーのコア部品が出現しやすいのです。インテルのチップセットやシマノのギアコンポーネントもそうです。このアーキテクチャ原理は業種を選びません。化学だろうと繊維だろうと船だろうと、どの分野であろうとも高機能や厳しい制約条件を要求される製品や部品は擦り合わせ型になりやすいのです。そして、こうした設計調整集約型の擦り合わせ製品は、前にも言ったように、戦後の日本に多くみられるサッカー型、つまり調整能力の高い現場と相性がよい。これを「設計の比較優位説」と言います。いずれにせよ、高機能、高制約で、擦り合わせアーキテクチャの、つまりややこしい設計の製品を作る日本の現場は、国内存続や輸出のチャンスが高まります。どの産業が有望とかダメという大雑把な話ではもはやありません。いわゆる優良産業だろうとこの相性が悪ければ難しいし、逆に、すでに衰退したと思われている繊維産業でも相性のよい製品と現場は残る。たとえば、かつて国が見捨てたともいえる中手造船産業であっても、条件がそろえば、好調な自動車よりもはるかに高い利益を出すことができるのです。

人事などの世界には、あの人が嫌いだとかいった理屈では分からない話も多いかもしれませんが、ものづくりの世界に関しては、理論から大きく外れることはそうそうありません。ものづくりとは、本来、そうした素直な世界なのだと思います。

†標準化商品で競争に勝つためには?

中沢　先ほど触れましたが、比較的に小さな製品をミスミなどに納めている会社が花巻市にありますが、そちらなど、いったい何万アイテム作っているのか、社内でも把握しきれない。標準品が7割で、特殊なオーダー品も3割程度作っています。製品は、小さなものは1㎜にも満たない部品で、大きいものだと1mくらいになります。ここも数十年もかけて、生産技術をみずから築き上げてきました。この会社に受注残を聞いてみると、標準品部門の「受注残はない」と言います。

藤本・新宅　え?!　受注残がないの?

中沢　すべて、翌日あるいは翌々日納入、長期でも1週間なのです。取引先の側に生産計画とか発注計画はないのかと聞いても、ミスミにそれはない。インターネットの世界はみんなそうだと言います。それなら、自社内の生産計画はどうするのかと問うと、それは数十年におよぶデータの蓄積があるので平均値は出せるということです。数万というアイテムを扱っているにもかかわらず、そうした過去の経験値に基づいた生産でも、見込みと現実のギャップが10%を超えることはほとんどないそうです。

現場を見せてもらうと、切削機、研磨機などなど多様な工作機械がたくさん入っていますが、受注したモノをどこがどう対応するかといったノウハウは、すでにすべてデータ化されています。まして標準品であれば、厳密にデータ化されています。標準品を翌日納入で生産する、そのノウハウの蓄積にたいへんな時間をかけてきている。今からこうした商売を新規参入でやろうとしてもできっこないでしょう。これも先行者利益といえるでしょう。

いち早く始めて先を走っている会社に、後から追いつこうとしても無理がある。それはインターネット取引でも同じで、インターネット取引で勝っている会社は、工程そのものですでに勝っていると思います。そうした会社からスピンアウトした人でも、やはり一朝一夕には真似できません。2000年代に、韓国が日本人技術者をスカウトして半導体事業を立ち上げていった歴史がありますが、中国や韓国が中小企業レベルのこうした技術でおなじことをしようとしてもできないのではないでしょうか。

藤本 そう考えれば、インダストリー4.0みたいな話も、むしろ日本の優良現場にとってはチャンスといってもよいかもしれません。

ミスミの生産子会社である駿河プラットフォームは私も拝見しましたが、まさにその日暮らしの生産計画で、1週間後の受注予想など真っ暗闇の中で、毎朝会社に行くと、前の日の残りと今日来た仕事が画面に並んでいて、それに対応して生産している間にもどんどん新しい仕事が到着する。それを、ルールを決めてその場その場で臨機応変にこなしていく。とはいえ、数百数千の顧客がいれば、おのずと大数法則が働いて、結局ある程度安定した受注パターンが生まれてくるので、生産側もある程度平準化した対応が可能になる。

中沢　藤本先生がおっしゃった「その日暮らし」ですが、その会社はそうやって20年暮らしています（笑）。

藤本　それは、一社の顧客にぶら下がった専属のサプライヤーにはできない芸当ですが、お客さんが潜在的に数百から数千もいて、統計的な確率で仕事が入ってくるという、大数法則が働く商売です。そうなると、あとは対応能力次第で、それさえあれば、ある程度安定した仕事になるでしょう。

第4章　インダストリー4.0という幻想――日本の競争優位の本質を読み解く

†IoTはすでに実現している?!

中沢　すでに若干述べましたが、IoTなどの主張を丁寧に読んでみると、そこに書かれた将来像、将来計画論的なものが、それはすでに行われていると思うことがとても多くあります。

たとえば、アメリカでいえば、GE（General Electric）が飛行機のエンジンを作り、そのエンジンの稼働状況を、インターネットをつうじて常時把握する、消耗具合などさまざまなデータをとる、今後はそうなると、IoTに関して説明されます。しかし、たとえばコマツや日立精機に限らず工作機械メーカーは、自分たちが提供した製品の世界中における稼働状況の把握などは、とっくにやっています。中古機械なども、どの会社から転売されたかすぐわかったりします。GEだけでなく、もうすでにみんながやっているよ、と言いたい。それを、なにをいまさらIoTなどとことさらに言うのか、私にはわかりません。

ここに問題としてあるのは、結局のところ、知識の標準化と平均化はできないということだろうと思います。まして、世界中で知識の標準化と平均化を図ろうとしてもできない。

中小企業の話ばかりで恐縮ですが、EU（European Union 欧州連合）には中小企業論が存在しません。清成忠男先生（事業構想大学院大学学長）によると、1970年代にドイツの地方政府で、中小企業政策をたてようとしたけれど、結局実現しなかった。ほかの国を見てもありません。フランスにしてもイギリスにしても、人口がせいぜい6500万人ほどで、韓国よりもちょっと大きい程度です。まして、ほかの国は1000万とか7000万程度で、1000万を超える国は半分ほどです。もちろん、今はイギリス、フランス、ドイツ、イタリアは相対的に大きいので、日米を真似た政府調達に中小企業枠というアファーマティブ・アクション（積極的改善措置）や金融の特別枠などはありますが、どこの国にも、中小企業と大企業を分けて政策をたてる必然性がありませんでした。

それが、EUが統合されユーロが導入されると、ヨーロッパという大きさのなかで、ようやく大企業と中小企業の違いがわかってきた。そして、アメリカや日本には中小企業政策というものがあると、EUの官僚たちが気づきます。日米には理念もある。また、日本には金融政策によって、中小企業には担保力がなくても優先的に貸し付けるなど、さまざまな政策がある。そうしたことにEUが気づき、そこに学びました。そうして2000年になってはじめて、「中小企業憲章」を作りました。

日本は、戦後に有沢広巳先生（1896-1988　東京大学名誉教授）の二重構造論などのマルクス経済学の理屈が流通し、「中小企業はかわいそうな存在でなければならない」という通念ができあがり、1963年に中小企業基本法が立ち上がったときには、「前近代的な領域としての中小企業」という前提があったがために、近代化法ができてしまった。近代化法とはつまり、中小企業は前近代的な存在だから近代化しなければならないという理屈です。そのとき、たとえば板金屋なら板金屋、プレス屋はプレス屋でそれぞれに集めて、100人の企業が10社集まれば1000人になって競争力ができるなどという、わけのわからない方法論が出てきてしまいます。それで、これではダメだということで1999年の中小企業基本法にいたりました。

ところが、日本独特の中小企業学者という人たちが、ヨーロッパには「中小企業憲章」というものがあるといって、それをありがたがって真似してしまいます。もともと日本やアメリカに学んでできたヨーロッパの「憲章」を、逆輸入する形で、中小企業基本法とは別に、民主党政権下に作ります。

基本法があるのに憲章を作るというのは、憲法を改正するのではなく別にふたつめの憲法を作ったようなものです。憲章は閣議決定なのでどうでもよいといえばどうでもよいのですが、とはいえ、民主党のときに、中小企業政策が社会（福祉）政策に揺り戻してしまったのは明らかです。これはやはり、学者の責任でもあり、政治家の責任でもあると私は思います。

また、アメリカやヨーロッパは、常に日本より優れていると思い込んでいるのが、よろしくない。事実を客観的に見ていくことが必要でしょう。しかし、政治家にしてみれば、事実を客観的に見ることより、手柄を立てたい、新しいことをしたいという思いが先に立ってしまう。ここが難しい。

藤本　先般成立した地方創生関連法も、法律の狙いとしてはよいと思いますが、その説明資料を見ると、依然として、グローバル大企業がいて中堅がいて、その下に中小がいるという重ね餅構造が描いてあり、それら3層の間には上へのぼる矢印がついています。中小企業は成長企業つまり成長途上の企業という意味らしいです。中小企業の問題は規模が小さいことで、成長して大きくなれば問題は解決する、という意味だとすれば、2010年代の中小企業理解としてはどうなのでしょうか。小さいことは良くないことだから早く大きくなりなさい、ということらしいが、ちょっと古くないか。私は、中小企業には中小企業なりの、現場指向企業あるいは地域密着企業としての独特の貢献があり、そこを再評価すべきだと思うのですが。

中沢　私のようにか細い声でなにを言っても、聞こえないのだなと半分あきらめてしまって、自民党の政務調査会などに呼ばれても、最近は行きません。

藤本　私も政党の会合で話をすることがありますが、産業のことがよくわかった熱心な議員さんが前のほうに数人座っているだけで、後ろのほうの方々は携帯電話をかけるわ次の会議の打ち合わせを始めるわで、まるで学級崩壊のような状態のこともありました（笑）。前に座っている産業重視の議員さんたちだけでもいい。わかっている人はとてもよくわかっているので、その人たちだけにでもちゃんとメッセージを伝えて、その人たちから全体に伝えてもらったほうが効率は良いかもしれません。私も正直にいってあまり行きたくありませんね（笑）。

†現在は「インダストリー3.5」?!

藤本　ドイツが言いだした「インダストリー4.0」、あるいはIoTについては、私もICT（情報技術）の専門家ではないけれど、いろいろなところで聞いた話や見てきた現場から感じていることとして、やはり現場は進化とか改善が基本で、それを踏まえた、地に足のついた議論が必要だということです。そもそも「インダストリー4.0」というのは「第4の産業革命」という意味で、要するに「インターネットにより産業に革命的な変化が起こる。日本は置いていかれるぞ」という一部マスコミが2015年初ごろに仕掛けたキャンペーンに見事に火がついた形です。その後、一種の流行現象として日本産業界で騒ぎになりましたが、ブームが去った後に長期的に残る真水の部分は何か、という見極めを、ブームの最中から冷静に行うことが日本企業にとっては大事でしょう。

それでは、インダストリー4.0が描く産業の将来像は、現状からみて、革命的な変化

（レボリューション）なのでしょうか、あるいは改善的な進化（エボリューション）なのでしょうか。

私は、レボリューション（革命）とエボリューション（進化）が混在しているところにこそ「4.0」や「IoT」の特徴があるのではないかと考えます。

一般に、18世紀後半からのイギリス発の産業革命（繊維産業、蒸気など動力革命）を「インダストリー（革命）1.0」、19世紀後半からのアメリカ発の産業革命（電力、モーター、大量生産）を「インダストリー（革命）2.0」、そして20世紀後半からのコンピュータや電子制御による産業技術の革新を「インダストリー（革命）3.0」と呼び、それを踏まえた「4.0」です。

この「3.0」の時代には、いわば「地上」である産業現場に、NC（Numerically Controlled　数値制御）工作機やロボットなど、電子的に制御された設備や機器がどんどん入りましたが、地上で起こっていたのはあくまでも、ファクトリー・オートメーション（FA）の積み上げ式の進化（エボリューション）が中心だったと思います。一方、現場から見れば「上空」に当たるコンピュータ情報システム（ICT）の世界では、画期的な新システムを提案するグーグルやアマゾンなどの新興企業があっという間に既存企業を押しのけて天下を取る革命（レボリューション）が繰り返されてきた。つまり、上空のICTシステムの世界では革命（レボリューション）が繰り返されてきたが、その一方で、地上の産業現場で起きていたのは主にはまさに地道な進化（エボリューション）であり、地上と上空では位相が異なっていたと思います。とはいえこれまでは、上空のICTシステムの世界と地上のFAや電子制御機器の世界とは、ほぼ隔絶していて交流があまりなかったのですが、いまや、この地上と上空がだんだんと近づいてきて、ついにこれらが交流し融合するのではないかという話になった。

これが「インダストリー4.0」や「IoT」の背景にある大きな流れだと私は思います。たとえば、地上の生産現場の機器類に桁違いの数のセンサーがついて、現場のリアルタイム情報を大量に吸い上げる。ICT側はこのビッグデータを桁違いの計算能力で解析し、上空のインターネット世界で制空権を握るグーグルなど米国企業が空から地上の制御を目論む。ドイツ勢はこれに対し、上空ICT層のSAP（基幹業務ソフト）、地上層のトゥルンプ（レーザー機器）、そして中間連結層のシーメンス（工場内ネットワーク）などを総動員して迎え撃つべく「4.0」と言いだした。そして、地上の生産現場で長年地道にFAの改善と進化を続けてきた日本製造業は、はるか上空で起こるかもしれないこの大変化の話にびっくりし、ドイツ以上に「革命だ」「黒船だ」と騒いでいる。当のドイツでも、最近では、「いやあれはエボリューション（進化）みたいなものだ」と一部専門家が言い始めているんですけれどもね。やや漫画的な言い方ですが、私は現状をこのように考えます。

確かに大きな変化の可能性はあるので、日本の企業や現場も十分な備えは必要だが、いくらなんでも「第4次（4.0）産業革命」は大袈裟すぎると思います。すでに言ったように、20世紀のコンピュータや電子制御の出現を起源とする第3次（3.0）産業革命が、上空におけるインターネット革命、地上におけるFA進化をもたらしたのはその通りですが、これらはあくまでも「3.0」の流れのなかで起こった2系統の技術革新の流れです。仮に上空（ICT）と下界（FA）が再融合するとしても、それは依然として「インダストリー3.0」の土俵のなかではないでしょうか。

したがって私は、あれは4.0というよりはむしろ、「インダストリー3.5」くらいではないかと考えます。勘定の仕方次第で3.4でも3.6でもかまいませんが、つまり、電子制御にせよ電子情報システムにせよ、電子が産業を動かし始めたというのがここ数十年の第3次産業革命です。地上ではそれがNCやFA、上空ではそれがたとえばインターネットの出現であったわけですが、これらが融合するとしてもそれは依然として、電子情報やコンピュータが産業を動かすという「3.0」の延長上の話です。遺伝子情報やナノテクノロジーの本格活用のように、まったく違う次元の産業エンジンが出てきたとき、あるいはコンピュータの処理能力が人間の脳を超えるような大きな転換期が来た時にこそ、本当の4.0が始まるのではないでしょうか。

そもそも歴史を見れば、過去の産業革命は、長い期間を要する革命でした。先ほど言ったように、1.0は18世紀後半イギリス発の産業革命ですが、これの潜在力を使い果たすまでに百年程度かかっています。2.0は電力、モーター、大量生産、フォード・システムという19世紀後半アメリカ発の産業革命でしたが、これもアメリカが成長力を使い果たして調子が悪くなったのが1970年代ごろですから、やはり百年近くたっています。たしかに、周期がだんだん早くなっているのかもしれないけれど、1950年代ごろを源流として、80年代から90年代に本格化した「インダストリー3.0」がもう終わってしまって、すぐに「4.0」になるというのはどうなのでしょう? しかも、話を聞けばインターネットやFAがらみの話です。上空のインターネットと地上の融合というたしかにたいへんなことではあるけれど、やはりまだ第3次産業革命の一局面であり、確かにその意味では革命の一段階ですが、3.1、3.2と進んできて3.5くらいのものではないかと私は思うわけです。

そもそも、1.0やら2.0やらと、「点ゼロ」とことさらに言うひとが、なぜ3.1とか3.3とか小数点以下の話をしないのか。その話がないなら、ただの「インダストリー4」でよいでしょう。「点ゼロ」などと言う人にかぎって、整数しか使いません（笑）。これが私にはよくわかりません。揚げ足をとるようだけれど、小数点を使ってよいのであるなら、いま起きているのは、3.5くらいだと私は思います。

†ドイツの特徴――インダストリー1.0から4.0へ

藤本　ではなぜ、ドイツは大きな将来構想を今ごろ言いだしたのでしょう？　中沢先生のおっしゃるとおり、彼らは将来のことを大きな声で言うことがよくあります。フォルクスワーゲンの今の共通モジュール戦略やかつての共通プラットフォーム戦略の際の話の持っていき方もよく似ていませんか。この背景として、ドイツは基本的にはインダストリー2.0の時代に米国とともにイギリスを追い抜いた国であり、たしかに技術力は世界一級だけれど、その現場には2.0的な要素が多く残っていて、開発も生産も、たとえばフォルクスワーゲンが、標準車ビートルの1品種大量生産が原点であるとおり、今も生産の基本はフォード・システムであって、日本企業に比べれば、多品種少量生産の柔軟性も、ジャストインタイムの迅速性もともに劣ることが、私も参加した国際比較データで明らかになっています。また、1990年代には強い開発プロジェクトリーダーが引っ張るトヨタ的な開発システムを導入しようとしていましたが、いまはそれを断念して別の道を行っているようです。開発リードタイムは長いし、開発工数も多い。そしてものづくり現場は鈍重です。

しかし、むろんただ鈍重なだけではありません。彼らはとても聡明です。イギリスの経済学者マーシャル（Alfred Marshall）が百年ほど前に「サイエンスを産業に持ち込んだのはドイツだ」といっていますが、まさにそのとおりで、昔も今も、産業をサイエンスする知力では彼らは圧倒的です。共通モジュールなど自動車のアーキテクチャ革新でも、あくまでもサイエンスで自動車の機能と構造の本質を考え抜きます。現場の試行錯誤に頼りがちな日本の多くの現場とは方向性が違います。最近のフォルクスワーゲンのディーゼルエンジン不正事件は、いわば優等生がカンニングをしたけしからん話ですが、サイエンスの優等生であることには変わりありません。

そして、考え抜いたうえで、「10年後はこうだ」と、理に適ったようにみえる超長期の未来予測や将来目標を声高に言い出します。日本の企業は概して目先の変化に即応する能力は高いが、その分、超長期の大ビジョンを考え抜くのは苦手。ドイツは逆に、鈍重なかわりに、将来を見通す科学的思考に優れているのではないでしょうか。彼らはスピードには欠けるので、「未来はあっちだ」と言ったその方向に、他の国や企業にも集まってもらえれば都合が良い。さすがに超長期予想の確度は低いから、予想した世界に他者を引っ張り込んで、予想した自分に都合のよい将来の構図を実現する必要がある。だから大きな声で将来構想を言う。これは、フォルクスワーゲンの共通モジュール構想も、ドイツ政府のインダストリー4.0も同じパターンに見えます。

今回も、インダストリー3.0系のFAに関しては、日本の生産現場は大企業にせよ中小製造業にせよ、NC工作機やロボットやFAの導入などで、平均すればむしろドイツより先を行っていると思われます。つまりドイツ勢は、「インダストリー3.X」では後方にあり、彼らから見れば日本産業はむしろ前のほうにいます。そのうえ、日本企業はスピードがありますから、新しいモノでもあっという間にモノにしてしまいます。しかし長期の独自構想は苦手で、今も欧米の追随になりやすい。言い方は乱暴だけれど、ドイツが賢いカメさんで日本が愚かなウサギさんといった感じもなくはない。

そこでドイツは産官学連携で大構想を作り、3.0で前方にいる日本勢に、後方から「そっちじゃないよ、これからは4.0だよ」と大声で声をかけたわけです。ここで、前方にいるはずの日本の産官学が、言われるままにおたおたして、あっちだこっちだと混乱すれば、彼らの術中にはまります。過剰反応や拒否反応で右往左往しているうちに、先方はのっしのっしと重いが確実な歩みでいつの間にか追い越していく。おそらくドイツ勢は、自分たちの鈍重さという弱点をある程度自覚したうえで、大声をあげるのでしょう。それで周囲を自分たちに都合のよい将来構想に引き込もうとするのが彼らの周到な戦略です。ドイツの産業事情に詳しいローランド・ベルガー日本共同代表の長島聡さんなども、こうしたドイツの「引き込み」戦法に注目していますね。つまり「長期構想を大声で叫ぶ」という彼らのやり方には、彼らの強みも弱みも反映されています。

したがって、日本側としても、おたおたしてよく考えずに盲従するのは禁物でしょう。ドイツ勢が考え抜いた構想には敬意を表し、大いに参考にしながらも、日本の産業現場が長年培ってきた現場力やアーキテクチャに自信を持ち、自己の強みと弱みをよく認識したうえで、冷静に長期的に対応し、インダストリー4.0騒ぎをチャンスに変えていくべきでしょう。

†産業ネットワークが主戦場に？

藤本　実は、IoTやインダストリー4.0には、グローバル半導体企業の長期戦略も絡んできて、これがかなり決定的に重要だと言われます。これは多分に三菱電機の安井公治技師長の御説の受け売りなのですが、私なりの解釈を述べます。

世界の半導体企業は、いわゆるムーアの法則（半導体の集積度が1.5年で2倍になるという経験則）に従い、文字通り倍々ゲームで成長してきましたが、そのためにはこの膨大な半導体供給能力を吸収する需要側の牽引役が必要になります。たとえば、80年代はメインフレームコンピュータ、90年代はパソコン、2000年代は携帯、そしてスマホがきたわけですが、そろそろスマホの世界需要も頭打ちが心配になってきました。いまや、グローバル半導体企業は、次の需要牽引役は誰かと考えているはずです。グーグル等のサーバーの巨大化も確かにあるけれど、それだけでは足りないかもしれません。そこで彼らが目を付けているのが、工場の超インテリジェント化あるいは超スマート化ではないか。ここで、IoTや4.0と話がつながってきます。なぜ工場の超インテリジェント化なのかについては、後で話しますが、とりあえず、工場がらみのITの話であれば、日本の企業や現場にもチャンスがあると考えるのが自然ではないでしょうか。

考えてみれば、半導体需要の牽引車は、最初はメインフレームでしたが、その後はパソコン、携帯、スマホと消費財がつづきました。しかし日本企業はどうも消費財で画期的なビジネスモデルを創造するのが苦手で、結局、天才ゲイツ、天才ジョブズにやられて総取りされちゃった感があります。しかし、次の主役が産業財系のものづくりITであるなら、そこは日本の得意分野ですから、世界制覇とはいかなくても、その一定部分はとれる可能性が高いと私は考えます。

たとえば、世界中の工場に今より桁違いに多い数のセンサーがついて、そこから得られる膨大な工場系ビッグデータのインテリジェントな処理を図るとすれば、それはもう生産ライン1本ごとにスパコン（スーパーコンピューター）並みのコントローラやサーバーがつくといったぐらいの話になってきます。しかも、中小企業にもこれを入れようというのであれば、数百万円というわけにはいかず、スパコン並みの性能が、今のパソコン並みの値段で買えるようにならないといけない。むろん全ての中小企業の現場をそこまでインテリジェント化する必要はないでしょうが、今、NC工作機が入っているような中小企業の現場は、このようなインテリジェント化が起こる可能性があるでしょう。

このとき、工場のインテリジェント化は、それこそ総力戦になると思います。日本では、企業や現場ごとに異なるシステムを進化させてきた経緯もあり、異なる企業間や産業間で現場をつなぐのは苦手でした。しかし、地上のFA世界と上空のICT世界が本格的につながるとなれば、わが社わが社と言っている場合ではないでしょう。たとえばA社が工場内ネットワークの国内市場ですでに強いのなら、大同小異、このネットワークシステムにつなげられるように、企業を超えてみんなで標準化していきましょう、といったコンセンサス標準作りが大事です。幸い、今のところ、工場インテリジェント化の世界では、世界を席巻するただひとつのグローバル標準のようなものはまだないと思います。たとえば工場内ネットワークであれば、日本や韓国や東南アジアでは日本製の自動化設備が多く使われているので、日本発の標準に乗ってくるのではないでしょうか。一方ドイツにはシーメンス(SIEMENS)系、アメリカにはロックウェル(ROCKWELL)系がいてそれぞれの地域で強い。ここは天下三分の計、世界で少なくとも3つくらいの標準が共存できるのではないでしょうか。日本勢は少なくともその一角を取りに行くのです。

もとより、日本の工場内ネットワークは、すでに発達しています。これまでに日本の現場が培ってきた継続改善の成果、みんなで流れを作る力、こうした日本の現場のよさをさらに活かせるICT－FAの統合システムを進化させていくのが、日本の企業産業の役割ではないかと思います。

†現場の生産システムはどう変わるのか

藤本　しかし、日本の企業や産業は、地上の現場は強いけれど、インターネット・ビジネスでは欧米企業に制空権を握られているので、IoTや4.0の名のもとに、グーグルなど米国のインターネット企業に高高度から攻め込まれて現場データを上に吸い上げられ、結局は競争力を失ってしまうのではないか、との危惧、あるいは地上と上空を結ぶインターフェース領域でもドイツの産官学に主導権を握られてしまうのではないかとの危惧があるようです。

たしかに、ICTと現場の制御機器が本格的につながる時代になれば、現場が上空で他の企業や他の国とつながる部分が増えてくるでしょう。そして、上空のICT領域では、やはりインターネットが主役でしょう。しかし、デンソーとトヨタの設計開発現場が専用線でつながっているように、すべてがインターネットでなければならない、などという話はありません。先ほども言ったように、高い精度や安全性を要求される日本の現場からみれば、現状のインターネットは、セキュリティにしても通信速度（帯域保証）にしても、全く不十分です。ネットワークと一口にいっても、選択肢にはインターネットもイントラネットもイーサネットもＶＰＮもＬＡＮも専用線もあって、さまざまなつながり方ができるということだと思います。インターネットにつなぐということは、工場の現場から見れば、セキュリティが確保できない、いわば無法地帯につなぐということです。強力なファイヤーウォールがなければ、とてもではないけれど怖くてつなげません。上空のインターネットやクラウドと下界の工場が無制約でつながり、下のデータが上にどんどん吸い上げられるというような事態は、産業現場の常識として考えられないでしょう。ここにこそ、工場インテリジェント化の意味があると私は考えます。

たとえば、うちのＡラインのＢ機械のＣセンサーが壊れそうだといった現場情報が、社外のセンサーメーカーなどに即時に伝わり、気づいたときにはすでにかわりのセンサーが届いているといったシステムは大いに有効です。もうすでに一部ではやっていると思いますが、このように出して良い情報は大いに出せばよい。ＩｏＴや4.0の良いところです。しかし、そのついでに現場のコストデータや顧客データまでがネットの世界に漏れるというような事態は、当然、あってはならないのです。したがって、現場で発生するビッグデータを、現場に近いところで処理し、生で出す情報、加工して出す情報、絶対出さない情報などに振り分ける能力、つまり工場のインテリジェンスが必要になってくるのです。

一方、現場の制御機器類などにセンサーが桁違いにたくさんつくという話も、その通りだろうが、ただ沢山つければよいという話ではないはずです。どこでどのデータを取るか、どう意味づけるか、どこに飛ばすかなど、よく考える必要があるでしょう。そこでセンサー等で抽出されたデータは、出てきた瞬間に「意味のある情報」に変換していかなければ、どれほどのスパコンを上に置いたとしても、やはり無意味な電気信号の洪水によってパンクするでしょう。従業員がいきなり10倍になって、全員が社長に報告を持ってくるようなものですから。そこには、現場から上がってくる膨大なデータを意味のある形で処理する、いわば班長級、係長級、課長級などの高度なコントローラやサーバーがあって、出てきたデータを即座に意味のあるデータに変換し、それを取捨選択して上や横や下の機器や人やコンピュータに向けて発信し、それを現場内の改善にも、企業内の部門間連携にも、企業間のものづくり連携にも役立てていく。そのために必要なのが、工場のインテリジェント化なのだと私は思います。現場で発生するビッグデータは、単に上に吸い上げられるだけではなく、横にも流れて企業内の部門間連携に使われ、また現場に戻されて改善の加速化にも使えるのです。

†工場のインテリジェント化

藤本　私は、2015年来のIoTや4.0の議論の盛り上がりをきっかけに、日本の現場の実態ともICTの世界的な動向とも矛盾しない、地に足のついた工場インテリジェント化の動きが加速化するのではないかと期待しています。そしてそれが、今回の4.0騒ぎの「真水の部分」として日本の産業現場に定着していくのではないかと考えています。このとき、ひょっとすると、かつて日本の中小企業がNC工作機をどんどん導入して強くなってきた、あるいはロボットでも同様だったことと似た展開になる可能性も十分にあると考えています。というのは、ICTにせよ人工知能にせよスマート機器にせよ、結局は現場の「使いこなし能力」次第だと考えられるからです。日本の優良な現場であれば、中小企業でも中堅企業でも、あるいは大企業でも、生き残りをかけてそれらを何とか使いこなしていくだろうと私は予想します。
いずれにしても、上空のICT世界を席巻する「グローバル標準IT」と、地上の現場の改善を支援する「統合的な現場IT」を上手につなぎ、両方のよさを活かしていくためには、工場インテリジェンスのさらなる能力構築が必須だと私は見ます。

中沢　ヨーロッパにも、たとえばイタリアなら革製品をどうするかといった地場産業論、地場政策論はあります。地域の政策論です。その発展として、先ほどの旭蝶繊維などの場合、CAD（Computer Aided Design　コンピュータ支援設計）などは基本的にフランス製です。

藤本　キャティア（CATIA　三次元CADシステム）ですね。

中沢　洋服を作るときには、まずファッションという概念があって、いち早く新しいファッションを生み出し、それをつくるために開発されたCADでした。こうしたブランド化は、フランスがもつひとつの産業特性、いわばフランスの強みです。ブランド化して、それがさらに新しい技術とつながっている。同様のことを、イタリアはイタリアで行っている。こうしたことを考えたとき、私は、EUだけでもドイツ発の「インダストリー4.0」は難しいのではないかと考えています。

さらにいえば、ドイツが言い出したことですから、それだけでフランスやイタリアは拒絶反応を示すなんてこともあります（笑）。中身も問わず、ドイツが言っているというだけでイヤだといいだします。

藤本　たしかに、怒っていますね。4.0に関しては、友人のフランスの研究者が、「フランスにも似た取り組みがあるのになぜドイツばかりちやほやするの？」と怒っていました（笑）。

中沢　日本でインダストリー4.0を紹介する本には、どこも、ドイツ生まれだからEUはすぐに標準化されると書いてあるのですが、むしろ、世界標準どころかEU標準すら難しいのではないでしょうか。

藤本　一番下の現場レベルのシステムは、日本ではそれこそ現場の数だけあると思ったほうがよいのだけれど、もう少し上の、ＩＣＴとＦＡをつなぐインターフェースの層では世界でも数種は共存できるようです。さらにその上のクラウドの世界になると、グーグルなど、一、二のグローバル標準に絞られるのかもしれませんが、この上空世界は、グーグルだっていつひっくり返されるかわからないレボリューション続きの世界ですから、先のことは予想できません。

とはいえ、日本の企業のなかでも、グローバル標準ICTを活用するタイプと、現場密着のICTに傾くタイプの両方が混在しているようです。たとえば、御社はITシステムをいくつぐらい入れているかと尋ねると、「うちは完全にグローバル標準を導入しているので十数システムだけだ」という会社もある一方で、「うちは現場が現場に合わせて作り込んでいくので、エクセルで作るちょっとしたモデルなども勘定に入れると1万数千システムある」と答える会社もあります。

一般に、生粋のIT屋さんは標準化を重視しますので、会社のシステム数が多すぎるのは問題だと批判しますが、現場重視の人たちは、どうしても現場への最適化や改善を重視するので、システム数はどんどん増える傾向があります。ここは、バランスの問題としか言いようがありません。

†インテリジェント化の理想は「回転寿司方式」

藤本　工場のインテリジェント化の話に戻るなら、これは機械と機械の高度な通信とか、人工知能というような先端技術の話だけでなく、人間系と直結したシステムもいろいろとありうるでしょう。

たとえば私たち東大のＭＭＲＣが以前から連携し応援している改善支援システムに、元ブリヂストン常務の奥雅春さんを中心に開発されたＦｏＡ（Flow Oriented Approach）というのがあります。これは、現場からセンサーや作業者を介して次々とあがってくる生データを、すぐに「意味あり情報」に変換し、これらのメッセージをイントラネットを通じて現場や上層部に流し、現場改善の促進や工場の意思決定に活用しようというものです。つまり、現場のビッグデータをすべて上に吸い上げて上層部が判断して指令を下すといった集権的なシステムでは必ずしもなく、現場で活用できるように現場にデータを戻すのがＦｏＡです。データは発生した瞬間に現場にとって意味のある情報に変換され、その情報をイントラネットを通じて現場のパソコンで現場の人が見る。これを私たちは「回転寿司方式」と呼んでいます。イントラネットでくるくると回っている現場発データのなかで、自分が必要なデータだけを取り、自分でそれらを組み合わせてメニューを作り、それを自分で食べる。つまり自身の改善活動などに活用する。この際、回転寿司は皆がマグロだイカだというネタを知っていることが大前提ですが、ＦｏＡでも、現場の皆が知っている現場用語（２００ぐらい）の辞書をまず作り、そのコトバを必ずタグとして付けて、短冊状のデータを情報のお寿司としてイントラネットに流すので、現場の人間はすぐに反応してデータを活用できるのです。こうしたタイプの、現場自身が使うビッグデータ系のシステムを導入する現場が、日本では増えています。

これもたしかに、いわゆる工場インテリジェント化のひとつですが、上がデータを吸い上げて、上から指令が降ってくるというタイプとは違います。むろん経営上層部がリアルタイムで現場データを取り、それを意思決定の判断材料にするというシステムも重要ですが、日本の優良現場はもともと問題解決能力が高いので、現場データをすべて上に吸い上げずに、意味づけをした情報をすぐに下（現場）でグルグルと回して使うというシステムが有効だと思います。まずは、現場も使えるデータに現場で加工することが、工場のインテリジェント化に対するひとつの日本的なアプローチだろうと私は思います。その意味では、工場のインテリジェント化と現場改善のさらなる強化は、同時に成り立つわけで、それが日本の現場にとってもチャンスになるわけです。

新宅　化学メーカーのダイセルが考案した生産方式として有名なダイセル方式も、ＦｏＡとはシステムは違うけれど、思想的には藤本先生がいう「回転寿司」です。

化学という完全な設備産業で、モノが連続的に流れながら化学反応を起こして製品になっていく工場では、圧力センサー、流量センサー、温度センサーといった各種センサーが、さまざまな工程に設置されています。ダイセル方式では、そのセンサーからいち早く問題を拾い上げて、問題が問題になる前に手を打ってしまう。ダイセルでも以前はこれに、熟練した技能者たちが対応していました。ある時期、彼らのノウハウを集め、840万にものぼる知識データベースにしたそうです。だけどさすがに840万をそのままオペレーションシステムに入れると混乱するので、実際に通常のオペレーションに使っているのは100万程度ということです。そういった熟練ノウハウをITシステムのなかに入れています。オペレーターが監視しているときに、異常があれば赤信号や黄色信号が出ると同時に、その場合の対処法も指示されます。まず最初に対処すべきことはなにか、といった指示です。たとえば、今まずはここのバルブを閉めないと火の手が大きくなるから、とりあえずこのバルブを閉めろといった指示です。しかし、真の原因はほかにあるので、バルブを閉めたら、原因に遡って「次にこれをしなさい」といった作業マニュアル的な情報がすべてITシステムに入っています。

もちろん、すべてがそうそう単純ではなく、たとえばひとつの事態の原因には複数の可能性があり、したがってすべき対処にも複数の選択肢がある可能性があります。そのため、出てくる対処法にも、この場合はこの可能性が高くこっちの場合はこれの可能性が高いといったように、複数の原因と対処法が提示されるのが一般的で、作業者の判断が必要な部分は残っています。

ともあれ、現場で技能者たちがやっていたことをITが代替するというインテリジェント化ではあります。これこそが、現場のAI（Artificial Intelligence 人工知能）だと思います。AIというといかにも上から目線のすごいシステムを想像しがちです。しかし、ダイセル方式のように、現場はノウハウの塊だから技能者を育成するしかないと言っていたところをシステムに置き換えたり、FoAのように、技能者たちをサポートするシステムもあって、AIにはこうした現場目線のシステムの可能性がまだまだあると思います。

†標準化できることは標準化する

藤本　ダイセルは私も新宅先生と一緒に伺ったのですが、じつに面白かった。化学工場では、ボードを見て指令する管制官のようなボードマンがいて、一方フィールドには、何かあったときにボードマンと連絡を取りながら実際にバルブの開閉を行うなど、プラント間を歩き回るフィールドマンがいます。ダイセルではこの両者は分業ではなく、ローテーションしていて、現場ではみんながどちらもできます。

ダイセルの工場内には、プラント設備（化学反応の現場）は大きく3系列ありますが、かつては、とにかく現場で問題が続出するので、フィールドマンはフィールドに行きっぱなしで外を歩き回っており、ときには手が足りずにボードマンもフィールドに出ていくありさまだったそうです。この状況では、1カ所でのボードの集中管理は、コントロール室と現場の往復の歩行だけでも、付加価値を生まない時間が大量に発生して労働生産性はガタ落ちになります。そもそも工場内を歩く時間は、価値を生んでいない時間ですから、労働時間のうち価値を生んでいる時間の比率（正味作業時間比率）を高めることで労働生産性を上げていくというトヨタ流・日本流のものづくり改善の基本からみるなら、このような状況ではコントロール（計装）ルームを1カ所に集中する管理方式は採用できません。

1カ所に集めるからには、フィールドマンが頻繁にフィールドに出なくてすむようにしなければなりません。実際に今のダイセル網干工場のコントロール室を見ていると、たしかにフィールドマンはあまり出て行かないのです。フィールドマンは、多くがコントロール室にいて、ボードマンの隣でほかの仕事をしていたりします。おそらく、ボード上でほとんどの異常処理ができてしまうのでしょう。以前であれば「様子がおかしい、ちょっと見てきて」と言ってフィールドマンに現地確認に行ってもらうところも、たいていはボードマンの事前の処置やリモートコントロールですんでしまう。そうなれば、3プラントのチームを1カ所に集中させることによる助け合いや人の調整の効果も出てくる。結局、労働生産性は3倍になったといいます。

ただ、彼らは、主に酢酸セルロースなど、モノマー(monomer 単量体)系の比較的に品種の安定したものを作っています。だからこそ、異常対応や変化対応のための数百万通りのルーチンをいったんきっちり整備すれば、あとは、この高生産性を維持して安定した操業を続けていくことができる。まったく、見事なものです。

しかし、仮にもっと多品種で、グレードもどんどん変化し、多品種生産あるいは変種変量生産になるような化学品、たとえば自動車用途の機能性樹脂などになると、こうした異常対応ルーチンそのものがどんどん新陳代謝していくので、ダイセル方式をそのまま導入することは簡単ではないかもしれません。頻繁にグレードがかわるようなケースでは、どうしても「ちょっと見てきて」とフィールドマンが異常対応やパトロールに行くことが増え、歩行のムダが膨大になるので、どうしても各プラントの近くに計装ルームを分散配置するケースが増えてしまう気がします。ようするに、異常対応も含めた作業の標準化を徹底的に進めつつ、コントロールの集中化を無理のない範囲から徐々に進めていくしかないでしょうね。

新宅　標準化できるところは標準化し、見える化できるところは見える化しながら、その上で進化するというのが、進化をつづける現場の鉄則です。標準化ができていないところは、進化もできません。逆に、標準化だけで終わってしまって進化が伴わないところも問題です。

†国際標準をめぐるヨーロッパ内での戦い――コンセンサス標準

新宅　ヨーロッパは、公的機関などに集まって標準を決めるデジュリ・スタンダードの活用が上手と言われますが、しかし、初めからそうだったわけではありません。ヨーロッパの標準化の過程を見てみると、彼らは、標準化するオープン領域としないクローズ領域、その境界線をめぐるせめぎ合いを結構しています。ヨーロッパが国際標準を声高にいいだすのはEUが統一された後ですが、実際には、当初はやっていることは国ごとにけっこうバラバラだったのです。その典型が携帯電話です。携帯電話の第一世代は、国ごとにそれぞれが勝手にやっていました。せっかく統合したにもかかわらず、ヨーロッパも、ガラパゴスと呼ばれた日本のドコモとおなじだったのです。そこで第2世代では、ヨーロッパの中をつなごうという話になります。そこからがせめぎ合いです。結果を見ると、面白いことに、当時圧倒的に強かったドイツのシーメンスとフランスのアルカテル(Alcatel)の提案は却下され、北欧方式が採用されてGSM(Global System for Mobile communications)というヨーロッパ標準になります。シーメンスとアルカテルという両巨頭の戦いは喧嘩両成敗とされたのか(笑)、その経緯の詳細はよくわかりませんが、このふたつが出した提案は採用されませんでした。

北欧では標準作成の設計思想に、さまざまなメーカー間でつながるということが盛り込まれていたのです。一方、シーメンスやアルカテルは、自分たちの独自技術を標準にしようとしました。それで、結局北欧方式が採用されました。

たしかに標準化の交渉は難しいが、彼らは、矛盾の中に妥協すべき部分があることを知っていて、その妥協部分を擦り合わせて、どれを標準にしていくのかと判断していきます。あるいは、逆に妥協できないならば、標準化を捨ててクローズにしていく。そうした経験値が、この20年くらいの間に蓄積されてきたように思います。

ところが、日本にはこうした経験値がすくなくて、すぐに両極端に話が飛んでしまうのではないでしょうか。「これはすごい」と言って飛びつくか、「そんな標準化はできるわけがないから無理だ」と言ってしまう。だけどこれは建設的ではなくて、中間地に、妥協ラインみたいなものではあっても、合理的といえる落としどころがある。

中沢　かつてのノキア（Nokia）がヨーロッパで伸びたのも、そうした背景があったのでしょうか？

新宅　はい。ノキアは北欧方式の提案者で、北欧方式の裏にあるノウハウにも通じていました。北欧方式がGSMになったからといって、北欧方式のすべてがオープンになったわけではなくて、ふたを開けてみればやはりその提案者が、クローズの部分も含めたそのノウハウに精通していて有利に立っていた。ヨーロッパでもっとも伸びたのは、エリクソン（Ericsson）とノキアですが、どちらも北欧方式の提案者です。もしも北欧方式がGSMに採用されていなかったなら、違うストーリーになっていたでしょう。

藤本　新宅先生がおっしゃるコンセンサス標準ですね。一方に市場で決着をつけるというアメリカ企業が大好きなデファクト・スタンダード（de facto standard）があり、他方に公式組織が決めるデジュリ・スタンダード（de jure standard）などがあるわけですが、やはり阿吽の呼吸でいろいろ検討した結果として、メンバーのコンセンサスで決まっていくのは筋がよいと思います。国が関与しても、それに近い形であるならば、それもまたよいでしょう。しかしそこで企業が互いに譲らず、力ずくで押し切ろうとすると、かえって国際的には不利になる恐れも出てきます。日本の工場内ネットワークでいえば、かつては実力のある複数の日本企業が張り合ってしまい、ふたつの標準が併存する状況になったりもしました。あれは結局どうなったのですか?

新宅　現在の国際標準では、ISO（国際標準化機構）にしてもIEC（国際電気標準会議）にしても、ひとつの標準化テーマにたいしてかならずしも1つではなく、2つから3つまでは国際標準として認めます。FA標準（Factory Automation）については、シーメンス提案のヨーロッパ型と、アメリカのUSロボティクスの提案、この2つが国際標準として先に決まっていました。すなわち、残されていた席は1つだけという状況でした。

この残された最後のひとつの席を、他にとられる前に、日本がとらなければいけない、日本提案を国際組織にあげようという話になり、業界で集まって協議したそうです。ここで、各社とも自社技術を押そうとして、どこも引かずに睨み合いが始まった。JIS規格を作ってからISOに提案というのが、国際標準のひとつのルートですがこのJI

S規格がまとまりません。このままでは、いつどこに先を越されるかわかりません。

そこで三菱電機は、JIS規格経由の提案をあきらめて、企業連合を作ります。国際標準の提案には、国提案がひとつとしてあり、当初はそれを目指していたわけですが、フォーラム提案という方法もあるので、三菱電機はそのフォーラムを作ったわけです。フォーラムといっても、ほとんど三菱のユーザー会です。それも自動車や機械関係のユーザーと、サプライヤーまで入っていました。およそ百社くらいになったのではなかったでしょうか。


藤本 それでできたのが、いわゆるCC-Link協会ですね。今年（2015年）で15周年でした。あそこは第三の極として機能しているように見えます。

製品では日本企業の強力なライバルになる韓国メーカーも、設備系に関しては日本製の設備を多く使って強くなってきたのですから、FA標準に関しては日本の陣営に入ることが多いでしょうね。一方、中国は、経緯からいってもおそらくヨーロッパの基準に乗っかるでしょう。

ドイツがインダストリー4.0を世界中にアピールする本音のひとつを取り込みたいという思惑でしょう。中国企業が「賃金が上がったので自動化設備を持ってきてほしい」といえば、ドイツが「標準付きのパッケージで持っていくよ」というアピールだと思います。そうはいっても、ドイツからすると、やはり現場の改善やFA導入では日本のほうが自分たちよりも進んでいるところがある。だから、日本に対しても、うちのFA標準で一緒に中国に行かないか、というようなメッセージを出してくることはあるでしょう。

一方日本は、2015年はドイツにインダストリー4.0の視察団などを送り込んで、大騒ぎだったわけですが、そろそろ「行ってみたけれどドイツの現場にはインダストリー4.0らしきものはあまりなかったよ」といった報告も聞かれるようになった。あらゆる流行がそうであるように、「4.0」の場合も、熱狂期が終わって幻滅期がくると思います。しかし、流行にはたいてい、長期的に残って行く「真水の部分」があるので、日本企業は流行に振り回されずに、その真水部分が何であるかを早い段階から見極める必要があると思います。

†幻想としてのインダストリー4.0

中沢　インダストリー4.0を視察しようと、2014年から15年に、多くの中小企業がドイツに足を運びましたが、皆がっかりして帰ってきました。

そもそも経産省関連の「白書」類を読んでみても、事例がほとんどありません。唯一、『ものづくり白書』（2015年）に名刺入れを6社がモジュール化して作ったという話が、写真入りで大仰に出てくるだけです。「名刺入れの標準化？」と拍子抜けしてしまいました。

また、今の藤本先生のお話にもあったとおり、中国とドイツの関係が興味深い。ドイツは中国投資がものすごいです。最近のEU関連のペーパーを読んでいると、イギリスやフランスが言い出したチャーマニー（Chermany）という新語が出てきます。チャイナ（China）とジャーマニー（Germany）をくっつけた言葉です。

藤本　そうなんですか!?　先日学生の論文にそれが出てきて、誤字だと思って直してしまいました（笑）。

中沢　イギリスやフランスは、彼らがそっくりだと言うわけです。仲の良さとか、儲け方とか、周辺国への迷惑感など、たしかに似ているところがあります。上からの掛け声でできる、国をあげてやる、すなわちプロパガンダです。どちらもプロパガンダの国なのです。彼らは国全体で連帯してきますから、それをよその国から見ると、「チャーマニー」ということになる。

藤本　ドイツに限らず、アピール力の強さでは、日本はヨーロッパ主要国にはかないませんね。中くらいの大きさの国々が、300年以上もアピール合戦を繰り返してきているのだから鍛えられている。かないません。

中沢　ブランド力に表われているように、自分の存在理由を明確化するためには、自己表現力が必要なのでしょう。それと、彼らが喧嘩をするときのボキャブラリーの多さ……。

藤本　その点では、そもそも中国に負けますね。彼らが人を罵倒するときのボキャブラリーの豊かさは圧倒的です。敵いません（笑）。

新宅　そんなときは大阪人に反論してもらいましょう（笑）。

†日本の能力構築能力は国際標準化できない

中沢　結局は、産業には比較優位の原則があって、そこにもどってくる。どこの国にも、その国固有の歴史経路や産業特性があって、そこから比較優位が生まれます。それなのに、あっちの国のあれが強そうだからといって、こちらの強みを捨ててそちらに移ろうなどというのは、損に決まっています。自分のところにも、弱いところもあれば強いところもある。それなのに、よそで強そうだからといって、自分のところの比較優位も顧みずにおいそれと飛びつくのは無為無策というものです。もちろん競争には、為替など、さまざまな調整が働きます。それでも、なんだかんだといっても、結局、藤本先生がかねがね言っておられるそうしたお話にもどってくると思います。

たとえば、日本がもっている組織能力構築は個別企業が自社が展開している海外工場に移転はできるが国際標準化できない。

藤本 すくなくとも難しい。

中沢 私は、できないと思っています。というのは、日本の特性として、物（資源）がないとか、人がいなかったなどなど、さまざまな制約条件のなかでできあがってきたシステムです。これをアメリカに持っていったところで、できるとは思えないのです。それは、アメリカのやり方が、日本にはもってこられないのと同じです。

藤本 日本の企業が海外進出を始めた１９８０年代の研究、たとえば安保哲夫先生（帝京平成大学教授）のグループの研究等によると、家電産業の欧米現地工場は、郷に入っては郷に従えで、進出先の欧米の生産方式に適応する傾向が強かったが、自動車産業の場合は、日本型の生産方式を欧米現地工場にも適用する部分がより大きかった。このとき結局、現場の組織能力、さらにはそれを作る能力構築能力をしっかり確立できていたのは自動車の方でした。その後、トヨタなど日本の自動車企業は海外に沢山の工場を作り、そこにトヨタ方式、リーン方式、全社的品質管理など、日本型の生産方式を移転していきますが、たとえば、数十年もかけて日本方式を移転し優等生の部類に入るタイの日系自動車工場でも、我々の2000年代の調査では、労働生産性は平均すれば日本の半分ぐらいでした。日本の優良工場の組織能力国際移転は、海外に絶対に伝わらないというわけではないけれど、非常に時間がかかるプロセスです。簡単には伝わりにくい。すなわち、組織能力が国境を超えにくいものであることはたしかです。

†アーキテクチャの比較優位論

藤本　リカード以来の比較優位説も、国境を越えない生産要素が存在することが大前提です。当時でいえば労働力と資本がそれでした。現代においては資本は国際的に動くが、労働力の国際移動はそれほど容易ではなく、現場の組織能力も同様に簡単には動かない。こうして国境を越えないものがある場合、たとえばA国工場がB国工場にすべての産業や製品において物的生産性で勝っていたとしても、A国が一方的に輸出する事態にはならず、結果としての貿易収支はやはり両国の輸出と輸入が8勝7敗とか7勝8敗というような形でバランスする。これがリカードが説いた比較優位説の基本的に重要な部分です。結局、右の例でA国は、B国に対して生産性でより大きく勝っている製品（たとえば生産性が4倍の製品）つまり比較優位製品を輸出し、生産性で勝ってはいるがより小さくしか勝っていない製品（たとえば生産性が2倍の製品）つまり比較劣位製品はB国から輸入をすることになり、貿易がある程度バランス化する。それは、A国の賃金がたとえばB国の3倍になるように為替が調整されるからとも言えます。いずれにせよ、自由貿易下で、両国が「より大きく得意なもの」を輸出し、そうでないものは輸入する方が、両国民にとって良いこと（貿易の利益）があるというのが、リカード以来200年におよぶ比較優位の原則です。この基本論理は今も変わっていません。

さて、現代のグローバル経済を見ていると、ある意味で労働力以上に、国境を超えて動きにくいものがあり、それが組織能力だと先ほど申しました。他方で21世紀は、先進国も新興国も含む多くの国で、製品の設計開発活動が活発に行われるようになりました。また設計のよく似た製品、たとえばデザインの違うクルマがドイツと日本の2国間で輸出も輸入もされる、あるいは自動車のドアの内側の鉄板が韓国から日本に、外側の鉄板が日本から韓国に輸出されるなど、いわゆる産業内貿易が盛んになっています。こういう時代の貿易論は、「どの国で何を生産するのが有利か」という生産立地論のみならず、「どの国で何を設計するのが有利か」という設計立地論にも踏み込む必要がある。私がここ十数年考えてきたのは、「設計の比較優位論」とりわけ「アーキテクチャの比較優位論」です。そこでは、各国の現場の組織能力と製品のアーキテクチャの間の相性に注目します。組織能力もアーキテクチャも時とともに進化するので、この相性はダイナミズムを孕みます。加えて、組織能力は簡単には国境を越えないと仮定します。

ところで、リカードの組織論は古典派経済学の組織論ですが、現代の主流派経済学である新古典派は、仮定の置き方を変えた上で、「労働集約的な製品（貿易財）は労働力が多い国が得意とし、資本集約的な製品（貿易財）は資本が多い国が得意とする」という形で新たな比較優位説を示しました。この表現を借りるなら、アーキテクチャ（設計）の比較優位説は、「調整集約的な製品は調整能力の高い現場が多い国が得意とする」と要約できます。なぜ「調整」というコンセプトに注目するのか。それは、組織現象の基本は調整活動であり、設計も本質的には機能と構造の調整活動であり、つまり調整こそが組織能力とアーキテクチャ（設計思想）を結ぶ糸であるからです。そして、設計に関して「調整集約的な製品」とは、擦り合わせ型（インテグラル型）のことに他なりません。「戦後日本の貿易財の現場は擦り合わせ型の製品を輸出する傾向があった」という我々が主張する命題は、このように、リカード以来の比較優位原則に、工学系の設計論の原理を融合することによって成立する「アーキテクチャの比較優位論」を応用したものであり、実際に統計分析をしてみても、概して有意な結果が得られています。これが、私たちの考える21世紀の比較優位論であり国際分業論です。産業内貿易や開発拠点の世界分散など、20世紀の貿易現象をよりよく説明できる可能性があると考えています。

†TPPをどう捉えるべきか

藤本　21世紀はグローバル化の時代とも言われますが、グローバル化といっても、世界中の国々の産業構造がのっぺりとみんな同じになるといった単純なお話ではありません。むしろ、各国が得意な製品に特化して輸出しあうという、比較優位原則の貫徹が、ひとつの大きな流れでしょう。20世紀後半から始まった、GATT、WTO、各国間のFTAやEPA、そして2015年に大筋合意に達したTPP等は、みなこの流れに乗ったものです。

もちろんTPPは単純な多国間自由貿易協定ではなく、さまざまなグローバル競争のルールもついでに統一化していこうという包括的な協定であり、そこでは各国のエゴのぶつかり合いもあって、きれいごとでは通用しません。ただ自由貿易論を叫ぶだけでは各国の複雑な農業問題の調整はつかないでしょうし、アメリカが知財ルールの統一をうるさく言ってくるのも自国企業のためでしょう。共和党が強い米国議会が今の玉虫色の大筋合意をすんなり批准するかどうかもわからない。太平洋側でTPPをやれば、残った欧州と中国が経済連携の対抗軸を作るといった動きが活発化するかもしれず、複雑怪奇です。

しかしながら、そういった細かい局面での駆け引きや自己中心主義は別として、21世紀前半の世界経済の大きな流れが、自由貿易拡大の方向にあるのか、あるいは逆の方向にあるのかと問われれば、私は迷わず、それは自由貿易拡大だと考えます。そして、そうである限りは、我々は、比較優位原則を無視して、各国の産業立地や産業構造を考えることはできない。しかも、産業内貿易が普通である21世紀においては、貿易論は生産立地だけではなく設計立地も考える必要がある。私は、21世紀の経済グローバル化について、このように考えます。

たとえば産業内貿易。クルーグマン（Paul Robin Krugman）は、この現象を説明できる「新貿易論」を示してノーベル賞をとりました。彼の理論やその後のメリッツらの「新新貿易論」は、量産効果や現場間の実力の違いなどをモデルに取り込んだ分、リアルでシャープなので、私はわりと好きです。しかしあえて注文をつけるなら、A国とB国が類似した貿易財を輸出し合う産業内貿易が起こる原因を、彼らは、たまたまその製品の工場がそこに立地したからだとし、あとはある種の雪だるま効果だと言う。しかし「たまたま」というのはちょっと乱暴だろうと思います。ものづくり論の観点から言うなら、生産の前には設計があり、また通常、初期生産は設計された場所で行われます。だとすれば、何をどの国で設計するのが有利か、そもそもどの国の現場がどんな設計を得意とする傾向があるのかを問う必要があると、私は考えるのです。産業内貿易という21世紀的な現象は、設計の比較優位論を既存の貿易理論に追加すれば、よりよく説明できるはずです。

†国境を超えないアイデンティティ

中沢　一方で、どこまで広げ、何を認めるのかなど、制度としての通商の自由といった環境づくりについては、国がちゃんとやってくれないと困ります。

国によって、制度の完成度にはばらつきがあります。たとえば、日本では1960年代にできていた汚水を浄化するメッキ団地が、中国できちんと作られたのはせいぜい10年前です。日本でもメッキメーカーに話を聞くと、かつてはシアンなどの危険な化学品も、下水に流していたと言います。それも、保健所の指導で下水に流していたそうです（一同驚き）。勝手な垂れ流しをするよりは、ちゃんと下水に流せということだったのでしょう。

それが1960年代になって、環境汚染が問題化してメッキ団地ができるようになり、環境規制が強まります。ところが中国の場合、ほんの10年ほど前になってようやく、大都市にメッキ団地ができて環境規制がされてきた。されてきたけれど、いまでも地方は危険です。インドやバングラデシュなどにいたっては、生産条件が日本の1950年代と同じです。

つまり、モノを生産するときの環境思想とか法制度といった社会的制約が、先進国と途上国、新興国では異なり、すると社会的制約に伴うコストも違ってきます。技術開発も異なります。こうして考えていくと、グローバル競争の場では、考慮すべき競争条件がとても多い。

さらに、さきほどの藤本先生のお話のなかにあった国境です。いまや国境なんてないようなものだと言えば言うほどに、国境が際立ってくる逆説的なものがあると私には思えます。女性の水着でも、布がどんどん小さくなって、まるで裸と同じようだなどと言っても、水着があるということは、やはり絶対的な必要条件です。着ていないようなものだと言いながら、水着は水着としての機能を果たしています。

国境もこれに似ているでしょう。パスポートを持っていれば越えられて、お金も容易に越えていくのが国境です。だけど、パスポートが必要であり、お金の移動にもルールがあります。それが国境です。そして国同士では、モノを作るときの環境条件や社会的制約などの生産条件が異なります。今後、たとえばアフリカがグローバル市場に出てきたとしても、途上国と先進国の時間差がいきなり飛び越えられるなどということはありえません。

†生産方式のない新興国

新宅 国境の障壁が低くなってくると、国同士の差がなくなるのではなくて、逆にその差が重要になってくるというご指摘は、よく理解できます。モノだけでなくヒトも、移動しやすくなります。先日ある日系のマレーシアの工場を見に行ったら、マレーシア人の賃金が高くなり、なかなか工場で働いてくれなくなって、今そこで働いているのはバングラデシュ、ネパール、ミャンマーの方々でした。人もそのくらいであれば、移動します。だけれども、移動しづらいものこそが際立ってきて、大きく見えてくる。

そのとき、日本的なものづくり、日本的な生産方式といった日本の特徴がなかなか移転できないからといって、日本の特徴だから移転などできないと決めつけるのではなく、すこしずつでも部分の移転をくり返していきます。それでもなお移転できないものが残ったときに、その残った部分こそが、真の特徴、アイデンティティ、そして動かしがたいモノなのでしょう。

さきほど藤本先生があげられた安保哲夫先生の『アメリカに生きる日本的生産システム——現地工場の「適用」と「適応」』は、すなわち、日本の生産方式を現地に持っていく適用と、現地の状況に合わせて適応するというものでした。あの研究は、日本の企業がアメリカに出ていったときに、いかに適応したかといった話から始まっていました。アメリカの事例は、とてもわかりやすいのです。というのも、アメリカにはアメリカの生産方式があります。そこへ乗り込んでいって、どう折り合いをつけるのか、という話になります。ところがその後、中国、ASEAN、あるいは東ヨーロッパになると、そこにはそもそも独自の生産方式などというものがありません。あるのは文化だけです。

中沢 産業が発達した時間差がとても大きいですからね。

新宅 もともと日本の企業が海外に進出していった時には、ハイブリッド経営といって、ようするに西欧式と日本式のハイブリッドでした。ところが、いま行っている新興国にはハイブリッドする対象がありません。カルチャーはあっても、経営としてはハイブリッドに対応するものがなかった。そうしたところで、新たに構築していくのはとても難しく、みんなが大いに悩んでいるのではないでしょうか。

中沢 アメリカには、たとえば産業別賃金の体系があってワーカーの賃金が時間給で決まっていたり、先任権の問題や、ワーカーの人事査定はできない、といったことなど、あちらの工場の文化が確立していました。ところが、ASEANなどには、もともと地場の産業が育っていなかったので、工場の言葉、たとえば冶具、工具といった簡単な言葉もなかった。そのため、日本式をそのまま持ち込むことが可能でした。定期昇給、職務・職階給、査定といった長期雇用の前提になる人事管理にいたるまで、すべてを持ち込めました。そこでうまく持ち込めた場合には、その国の成長がしっかりしました。これを見ると、日本の生産方式には普遍性があったと言えるでしょう。

新宅　貿易においていま進行している事態として、産業内貿易にしても最終製品にしても、それぞれが得意なところに棲み分けていこうという流れがある一方で、自動車などには政治的な問題もからんできます。得意領域による棲み分けが行われるなら、高い生産性を誇る日本にもっと残っていてもよいはずのモノが、政治的な理由によって、仕方なく出ていかざるを得ないという面があります。

　すると、移転しづらい組織能力を、無理やりにでも移転しなければならない。そうしたなかで、できるかぎり移転しなくてもすむ工夫も考えられます。たとえば、自動車でもそのなかで難しいところ、藤本先生流にいえば調整集約的な部品などは日本に残したまま、そのほかは出ていく。それもひとつの方法ではあるのですが、やはり出たなら出た先に組織能力を移転していかなければ成長が望めなくなるので、結局は移転しようとします。すると移転した先の国によって、移転の成果に差が出てきます。たとえばトヨタであれば、時間はかかったけれど比較的にうまくいったタイやブラジルがある一方で、能力構築で伸び悩む国もあります。

中沢　後進国が中進国になると、やがて、さきほど藤本先生がおっしゃった「ルイスの転換点」あるいは「中所得国のワナ」が訪れます。タイのように毎年5割ずつ上昇などというとんでもない賃金の高騰が現実に訪れます。日本がこうした1970年代に「ルイスの転換点」をむかえた際には、組織能力も急速に向上して生産性がどんどん上がり、それが賃金の上昇を吸収しました。日本でも、1960年代には賃金が毎年10％ずつ上がっていきました。それを乗り越えてきたのは、能力構築があったからだと思います。

日本の企業がさまざまな国に海外展開していくとき、やはり日本の組織能力を出先に移転するなりして、出先の組織能力を育てて生産性をあげていかないと、海外展開した先に待っているルイスの転換点を乗り越えられないでしょう。

とはいえ、たとえばマレー系住民の優先採用とか、マレー系企業の租税の減免などといったマレーシアのブミプトラ政策のように、国としての成り立ちとその秩序の維持にも関わり、長い歴史をもっている政策の転換はとても難しいと思います。あるいはベトナムの大量の国有企業の存在も同様ですが、ＴＰＰなどによる「外圧」などの利用によって、徐々に変化できるかどうかが問われているでしょうね。

第５章　大震災から甦る製造業——東北復興レポート

中沢孝夫

企業の競争力の基礎は「会社の大きさ」で決まるものではない。B to BであれB to Cであれ、顧客（消費者・取引先）に選ばれる能力の構築力によって企業の優劣は決まってくる。それは藤本隆宏のいう、「表層の競争力」と「深層の競争力」がともに問われるということである。

また特に「中間財（部品や素材）メーカー」や「熱処理」や「メッキ」といった「中間工程」を担う企業（工場）の場合は、「深層の競争力」の「能力構築」が問われる。品質、機能、納期（リードタイム）において同業他社に負けない競争力は、同業他社と異なった「工程をつくる力」によってもたらされる。それは自社の設備設計をする能力であり、生産技術を前進させる能力である。

問われているのは、絶えざるイノベーションであり、自己変革能力であるといえよう。この小論では、比較的サイズの小さい東北の3つの企業を事例に、企業の継続と競争力形成の内実を検証する。

†1年分の受注残・災害からの復活

筆者が石巻市を訪れたのは東日本大震災（3・11）の2カ月後だった。海岸からほど近い「ウインチ」（巻き上げ機）のメーカー「㈱エステー」は、津波に運ばれた土砂で埋められた工場内の瓦礫の撤去作業の最中だった。工作機械類は土砂に埋もれ「もう使えないだろう」と一瞬で思った。

ただ、内部まで土砂で埋まっても、工場の建屋と骨組みが残ったのは、クレーンの設備があったからだ、というのは容易に想像できた。クレーンがある工場は、普通の工場と床の強度が異なるからだ。

当時の社長・中里啓一氏（2014年に逝去）は、中央の機械を指差して「あの五軸の工作機械が使えれば、あとは全国の仲間から、各種の中古の切削機器など工作機械を貸してくれるという話があるので、なんとか再建できると思う」と言いながら、「雇用調整助成金は大切な制度だが、仕事から長く離れると、日常のリズムや勘を失い、仕事に戻れなくなってしまいます。幸いなことにエステー頑張れの声援があるので、頑張ってみます」と語っていた。

ここまでの話は拙著『グローバル化と中小企業』（筑摩選書）で書いたことである。それから4年過ぎて再訪すると、工場は見事に再建されていた。2階の事務所にCADのデータが残っていたのが幸いだった。またほとんどの機械類は破壊されたが、問題の5軸の工作機械は復活した。分解掃除し部品を交換して震災から5カ月筆者の訪問から3カ月後の8月には動き出していた。関東や関西の知り合いの工場からは、中古の機械を借りることができた。

また日本商工会議所の「遊休機械無償マッチングプロジェクト」の取り組みにより、フォークリフトなども調達できた。それぞれ運送費まで向こうでもってくれたとのこと。

現社長の三条利夫氏の話によると「エステー頑張れ、再開してくれ」の励ましや、「納品は1年先でも待つ」といった注文が次々と入ったという。1年先までの仕事の確保はなによりの励ましだった。通常の受注は3カ月から4カ月なので、1年分の受注残は精神的にとても助けられることである。それはエステーの日常の仕事ぶりと、技術力によってもたらされたものだろう。

1932年に創業されたエステー（資本金3600万円）は、漁網の巻き上げ機からスタートし、現在の電線や海底ケーブルの敷設の「ウインチ」製造に発展した。その後、タイヤ工場の設備（ライン）の設計・製作や、建設機械の油圧機の製造なども手がけるようになり、さまざまなメーカーや電力会社などがお得意さんだ。

36人の従業員と現有設備での生産能力は年に6億円程度だが、2交替24時間のフル操業で、OBも手伝いにきてくれて、震災の年の売上は（9カ月間で）5億8000万円に達した。火事場の馬鹿力というか、瞬間風速のがんばりである。その後の努力の結果もあり、過去の内部留保もあわせて3・11以降、切削機、研磨機など3億円の投資ができ、ラインも一新し、工場も活気に満ちていた。

地元は漁港だし、漁網の巻き上げ機製造がルーツでもあり、水産加工設備の設計・製造にも乗り出したいが、工場を大きくすると、今度は受注の波が大きくなり、経営は必ずしも安定しないという。つまり経営というのは、会社を大きくすること自体は目的にはならないのである
どのような会社でも同様だが、経営の基本は顧客の継続的獲得であり、別の言葉でいえ

ば「顧客から選ばれ続けること」が基本だ。エステーでいえば、発注元との相談によって、それぞれの使いやすさ、機能の向上に向けて、設計力、生産工程の研究と改善、それを担保する技術者・技能者の能力向上が求められる。

筆者は「巻き上げ機」を製造する会社が日本に何社あるのかは知らない。またそこにどのような技術の優劣があるのかもわからない。ただ「エステー頑張れ」「エステーやってくれ」と全国からエールが送られたのは、顧客にとってエステーは欠かせない存在だからである。

競争力は大企業か中小企業かという「規模」や、製造業かサービス業かといった産業の違いとも無関係である、というのはこのことである。「その会社でなければならない」「どうせ頼むなら、この会社、この店」となることが重要なのは言うまでもない。

あと二つ、事例をみてみよう。二つとも岩手県花巻市にあるが、3・11の被害は軽微だった。何日間かの停電や輸送の混乱などがあったが、復旧するのは早かった。ここで紹介するのは、工程の作り方。作られ方。そしてリードタイムなどである。

†竹内真空被膜㈱のこと

岩手県花巻市にある竹内真空被膜㈱を訪ねてみた。ミラーづくりのナンバーワンのメーカーだと聞いたからである。

最初に工場のラインを見せてもらった。説明してくれたのは藤本泰博工場長。

まず、ガラスメーカーから仕入れた原板（タテ813㎜、ヨコ910㎜、厚み1.9㎜のものが中心だ）を、幾つもの大きさに切り分ける。もっともオーソドックスなサイズは原板の20枚への切り分けである。

つぎに、切り分けられた原板を電気炉に入れて柔らかくする。柔らかくしたあと自重で型に落とし込み、さまざまな曲面をつくり皮膜する。出来上がったミラーは人間の目視によってキズや歪みがないかなどの品質検査をおこなう。以前はガラスを曲げるのに研磨作業をしていたが、コストと精度に問題があり、竹内真空の技術によって完成度が高い自在な曲げが可能となった。

ラインをみているとさまざまな自動機（ロボット）が動いているが、無数の工具や治具を含めて、生産設備は基本的に自社で考案して、設備メーカーとともにつくるとのことである。もちろんそうだろう。自動車のバックミラーをつくる会社は、すでに日本には3社しかない。それぞれの会社が専用の生産ラインを作っている。標準化された生産設備・工程というものはない。工程作りそのものが競争力である。

この工場の製品の90%以上が、自動車のバックミラーだ。乗用車、バス、トラックなどさまざまで、いつも作っているアイテム数が200から300種類。納期は、早ければ翌日、待ってもらって4週間、平均が1週間とのことである。つまり日替わりで工数が変化するのである。またレクサスのミラーのように「光学レンズ」か、と思えるほど高品質(筆者には過剰品質に見える)なものと、一方ではモジュラー化も進んで、大衆車の場合、同一メーカーでは車種が異なっていても、共通化・標準化するものも増加しているという。

またジャストインタイムの広がりによって(多くの中間財メーカーも同様だが)1カ月先の受注が見えなくなっている。もちろん中国企業などの参入と挑戦も受けている。言うまでもなく、品質を別とすれば、価格は中国産が安い。

将来を考えた場合、車のモニター化が進めば、バックミラーそのものが不要になる可能性もあるし、コストダウンもぎりぎりまできているし……。工場の悩みは尽きない。それ故、強化ガラスの加工、スピードメーターなどのガラス、といった領域への参入にも乗り出しているが、液晶との競争などさまざまな課題がある。

竹内真空の創業は1963年。創業者は小糸製作所に勤めていて、車のヘッドライトの鏡面や、ランプ回りをつくる技術者だった。退職後60歳近くなって千葉県の船橋市で創業した。

技術の沿革を見ると、1979年に日本で初のブルーミラーの研究開発・技術の確立。翌年の80年にはクローム裏面鏡の技術開発（反射率が高い）。95年にはやはり日本初の1枚ガラス曲げによる、非球面ミラーの量産開始。

現在地に工場を移転したのは、1990年。工場の周りが住宅地になり、騒音が問題となったり、一貫生産するためには広い敷地が必要だが、船橋近辺の土地が高くなり過ぎ、そのころ現在地の市長さんからの「誘致」もあって転居してきた。

従業員数は70人。中途採用が中心で40代でもよい人は採る。特に大手企業の希望退職者は狙い目である。よい人材が多いのだ。中小企業が大企業と異なるのは「採用」だ。新卒の定期的な採用をしたくても応募者が少なくてできない。日本中、悩みはどこでも同じである。「地方の衰退」が言われるときに、「仕事（雇用）がないから」と指摘されるが多くは事実ではない。募集しても応募がないのが現実だ。「中小」という「企業規模」が原因で悩むのはこういうときだ。若者たちの就職のターゲットは「経営品質のよい会社」ではなく「誰でもが知っている説明しやすい会社」なのである。

㈱アイオー精密のこと

もう一つ紹介しよう。「超高速納品」で有名な精密部品加工の㈱アイオー精密だ。各種電子部品を午後の3時までに受注すれば翌日の8時には納品という早さである。1977年にたった2人で創業。取引先からの勧めで、湯沸かし器の安全装置づくりなどからスタートし、最初から仕事はあった。80年代に入って電子部品などの量産品のパーツづくりに乗り出す。しかし88年から90年に量産品は海外に仕事が移転してしまったので、多品種、少量生産そして短納期のものづくりに移行した。完成品（在庫）は持たず、加工素材はストックするが、全てが受注からの生産開始だ。今では400人の技能スペシャリストが700台の工作機械を使い精密パーツづくりに挑んでいる。

納期は最初は受注から5～8日だったが、いまは上述のように午後の受注でも翌朝には納品という早さになり、海外であっても週内に届ける。ASEANはもとより、アメリカでも5日間は要しない。つくっているものは1㎜から2㎜といった位置決めのピンから、

1mの大きさの自動機の部品まで。受注のアイテムは無限だが、取引先は主に「ミスミ」を通じたカタログ販売などである。

標準化された部品の場合は、取引先から発注予定が示されるわけではない。つまり一般的にいう受注残がないということだ。すると、この会社の場合、生産計画はどのように立てられるのだろう。

関係者の話によると「標準品の場合、20年以上かけてデータ化された経験数値があって、受注見込みと実際の動きの幅は、10％以内の振れで収まっている」とのことである。また「取引先のミスミの場合でいえば、5万から10万のユーザーがあり、お客が多いと変動は少ない」とのことである。

なおこうした受発注の流れが可能なのは、長期的な受発注の経験の積み重ねによる。つまり発注側は、数カ所に「あい見積もり」を依頼し、回答を待って、積算するなどの作業を省いてもアイオー精密に頼んだ方が得である、という関係が築かれているということである。社内での工程の流れも、「受注したところで、どのラインで、どの機械で、誰に回したら良いかが決まり、またどの製品がどの工程にあるか、バーコードによりリアルタイムで把握している」とのこと。

そのようにして、アイオー精密では、見積もりから加工・処理・検査・出荷までの社内での一貫ノンストップ体制が確立されているということである。それは、取引先ごとに、材質別・形状別・工程別の加工手配、工程管理がきめこまかく行われることによって成り立つ。そのためには365日24時間の生産体制を必要とする。もちろんデリバリーの仕組みづくりも欠かせない。

とはいえ、アイオー精密の受注はそのような短納期の標準部品ばかりではない。受注の30％はFA（ファクトリー・オートメーション）、つまり工場の生産設備や自動機、そしてその特注パーツ作りである。どんな種類の工場も同様だが、受注で大切なのは「多工程」のものである。工程が増えるごとにそこで付加価値が生まれる。「旋盤で挽いて終わり」では、大きな価値は生まれない。

そのような案件は、新たな図面づくりとその擦り合わせからはじまる。CADのデータがきても「この材質でこの形状は難しい」とか、「無駄がでる」とか、「オーバースペックである」とか、取引先の現場経験のない設計者への各種の提案が必須である。そして納めたあとからも微修正が続く。したがって標準品づくりとは異なった、生産設備の設計・開発や生産技術の開発を担えるメンバーの育成は大変だ。自然に育つということはあまりない。

また700台の機械の治具・工具の開発は全て自前だ。それもまた競争力を生み出す条件の一つである。

アイオー精密の場合は、技術・技能職の現場で、勤続7〜10年の中堅層のなかから4人を選抜し、社内に設けた「匠塾」に入れる。そこで他メーカーの見学をさせたり、設計・開発に関わるさまざまな研究に2年間従事させる。

もちろん「塾」にいたるまでには、長いオンザジョブ・トレーニングを中心とした日々がある。どの会社でも同様だが、新人の場合はまず、基本的なマナーから教え、いくつもの機械・いくつもの設備を扱え、工場の中のさまざまな仕事ができるようにする。従業員のなかには、自ら積極的にさまざまな配置転換を望む人もいるという。

また2004年に進出した中国・無錫工場からも毎年、数人を日本の工場に呼び寄せ、トレーニングをしているという。この無錫の工場は日本から設備を運び、日本と同じ工程をもっているという。10年を経過すると、現地人のリーダーやサブリーダーが育ってくるので、日本での技能取得が欠かせない。これまで日本からの駐在や出張者が担っていた、より難度の高い技術が彼らにも求められる。

さて機械類が700台もあれば、各種のトラブルは当然日常的だ。しかし基本的なメンテナンスは生産技術の担当者が行うという。また治具も工具も自らの開発である。

なおデリバリーのことだが、東日本大震災(3・11)の時などは、高速道路は使えず、ガソリンスタンドも営業していない、普段頼んでいる「宅配便」も集荷が滞った。それでもチャーター便を立て、花巻空港は使えないので、秋田空港や新潟空港まわりの陸路まで利用したという。リードタイムを守ることへの意思がものすごいのだ。

筆者の知る限りでは、このアイオー精密に対抗できるメーカーはない。

図面をもらう。受注する↓素材選定↓形状チェック↓加工手配↓工程管理↓納期管理という流れのなかで、熱処理、研削加工、表面処理(メッキなど)、品質検査などが行われている。しかも工程間の流れに「数分」といった澱みがないのである。

こうした職場の仕組みをつくる力は一朝一夕では獲得できない。これが日本のものづくりの裾野のひろさの一角である。

さて、この会社で「インダストリー4.0」をどう思うか聞いてみた。「標準化・規格化ができるものはすればよい。また、新しいものをつくる工程を自分で苦労して開発しなくとも、読めばマネができるのなら楽ですね。ただ、どの会社もブラックボックスが大事ですからね。こちらはメリットがある部分を公開しますよ」とのこと。当然のことであろう。

インダストリー4.0を推進する「ビッグデータ」論者からは、「どこから」「どのような」情報を集め公開し、また「何を」「どのように標準化」するのかまだ具体的な説明がない。

IoTも同様である。

第6章 設計の比較優位

†インテグラル型製品はキャッチアップできない

藤本 国際経済学には、雁行形態論とかプロダクト・サイクル説というのがあります。その含意のひとつは、賃金の高い先進国は、生産設備が似たり寄ったりの標準品では生産性で新興国に追いつかれ、コスト優位を失うので、標準化して優位性を失った製品は新興国に明け渡す一方、自らはイノベーションをつねに行い、それによって成立する新産業へ逃げ続けるしかないというものです。これは大筋では説明力の高い仮説で、われわれ経営学者も多用しますが、それが成立した20世紀半ばの時代的な制約もあり、条件しだいではこれに反する現象も出てきます。たとえば20世紀半ばは、植民地支配は終わりつつあったがいわゆる南北問題が残り、先進国と新興国の賃金格差はあまり縮まっていなかったので、製品や工程の標準化によって新興国による生産性のキャッチアップ、さらにはコスト競争力の逆転が起こりうるというのは、リアルな仮定でした。しかし現在のように、ポスト冷戦期が終わりつつあり、新興国が先進国に賃金水準でキャッチアップするスピードが生産性のキャッチアップより速いような局面や産業では、雁行形態論では説明できない現象も出てきます。

これも、リカードの古典的貿易論のダイナミックな解釈に戻って考えれば、おおまかな説明がつきます。

1990年代には冷戦の終結もあり、話はさらにややこしくなります。繰り返しになりますが、ポスト冷戦期に入ったとたんに、いきなり賃金20分の1などという低賃金人口大国、つまり中国が世界市場に参入しました。なんといっても半世紀の東西分断で蓄積されていた異常に大きな賃金格差が一気に顕在化したのですから、日本の貿易財の国内現場はたまったものではありません。特に、モジュラー型の製品では猛烈なキャッチアップが起きます。華南の輸出拠点に内陸の労働力が大量に移動した中国は労働集約型モジュラー製品、財閥系大企業の資金力と意思決定スピードを強みとする韓国は資本集約型モジュラー製品、台湾はその中間的な製品で、瞬く間に日本をコスト競争力で追い抜いていきましたが。しかし、追い抜かれた製品の多くは、設備や部品の寄せ集めでも、ある程度の品質や性能のものができる、モジュラー型で標準的なデジタル製品、あるいは家電エレクトロニクス製品でした。

これらはいっけん、雁行形態論やプロダクト・サイクル論やキャッチアップ論の見事な実証例に見えるし、実際そういう面もあります。しかし、なぜそれが1990年代に突然のように起こったのかを、キャッチアップ論自体は説明できません。これに対し私は、たまたま冷戦終結とデジタル情報革命がほぼ同時期に起こった、という1990年代の歴史的な特殊性を考慮すれば、デジタル財を中心とする日本の企業や現場の急激な凋落も説明できると考えています。それらが新興国のキャッチアップを大幅に加速させたのです。1990年代の家電エレクトロニクス産業を中心とするアジア新興国の猛烈なキャッチアップは、通常の雁行形態論的なキャッチアップと、ポスト冷戦期の低賃金効果、そしてデジタル情報革命によるアーキテクチャ効果、すくなくともこの3つの相乗効果によるものだったのです。

ところが、当時の人々は、この現象を、単なる雁行形態論やキャッチアップ論の貫徹と考える傾向があったと思います。1990年代の歴史的な特殊性を、その時に気がつけと言っても無理な話だったかもしれません。

これらの理論の暗黙の前提は、第1に、いったん追いつかれ追い抜かれた産業では再逆転は不可能であるとの固定観念、第2に、日本の貿易財産業は先端技術の領域に逃げるしか生き残る道はないとの強迫観念です。多くの産業人は、こうした固定観念や強迫観念にしばられることになってしまいました。しかし、2010年代半ばの現時点で振り返れば、そうした理論に拘泥せず、潮目を読んで能力構築を諦めなかった日本の中手造船業の活況を見てもわかるように、雁行形態論も乗り越えられない運命論ではなかったことが分かります。逆に、キャッチアップ論の固定観念や強迫観念にとらわれ、国内拠点の閉鎖を性急に行い、あるいはハイテク至上主義に陥り、結局は低迷した日本企業もあったことは残念ですが、彼らも、理論的には全く間違っていたというわけではないのです。

要するに、雁行形態論はあくまでも、新興国と先進国に賃金差があり、それがあまり変わらないという南北問題的な条件のもとで成立する理論です。つまり、賃金格差はあまり縮まらないが、技術の標準化によって生産性の差は縮まるという条件下においてこそ成立するのです。ところが、2000年代に入り「ルイスの転換点」が訪れて中国等における賃金のキャッチアップが始まるとともに、日中の現場の生産性差はあまり縮まらないが、賃金差はどんどん縮まるという産業分野が徐々に増えてきた。それが、日本の現場がアーキテクチャの比較優位を持つインテグラル（擦り合わせ）型製品だったのです。

こうした、日本の現場がアーキテクチャ的な優位性を持つ分野では、コスト競争力における「逆キャッチアップ」が、今度は日本の現場の側から起こります。それが、さきほどいったように、2010年ごろからの「中国工場にコストで追いついちゃいました」といった国内現場の発言につながっていきます。

それでもいまだに、政策決定者やマスコミ、産業人、あるいは学者の一部にも、賃金20分の1という十数年前のところで頭が固まったまま、現実の潮目の変化をよく見ていない人たちが少なからずいらっしゃいますね。

新宅　韓国、台湾、中国がキャッチアップを始めたとき、そのスピードがあまりに激甚だったために、彼らのキャッチアップ能力はきわめて高いという幻想を抱いたように思います。もちろん彼らの努力があったことはたしかです。彼らはがんばりました。しかし、その前提として藤本先生が言うとおり、異常なまでの賃金格差が長く続いたということがあります。

さらに、モジュラー型製品のキャッチアップを見てみると、昔と違う点があります。さきほどの話に出てきたモジュラー型製品の中に使われるインテグラル型の部品が、貿易市場に乗ってしまっていたのです。以前であれば、そうしたコア部品はなかなか売ってくれませんでした。日本がアメリカをキャッチアップしていく際には、材料にしても部品にしても、アメリカの真似をしながら、自分たちで作っていかなければなりませんでした。

ところが今は、たとえば韓国の液晶パネル産業であれば、日本から製造装置や材料が輸出されてくる。中国のパソコン産業であれば、アメリカからはインテルのチップが、日本からは各種電子部品が、韓国や台湾から液晶パネルが届く。そうなれば、キャッチアップにおいて解決すべき問題がすくなくなります。彼らは、プロダクトでもプロセスでも、設計において解決すべき問題のきわめてすくないモジュラー型の製品を作っているのです。

それにもかかわらず、そのスピードに驚いて、彼らのキャッチアップ能力を過大評価してしまったのではないでしょうか。彼らはすごい、われわれは太刀打ちできない、といった思い込みがあるように思います。

†製造業の国内回帰をどう捉えるか――60年代、90年代、そして現在の状況

藤本　しかも、「電子立国・日本」などといって、ハイテクに関する自信過剰が日本にはありました。そうした自信過剰の裏返しで、逃げ切れるはずのハイテクで逃げ切れなかった時のショックは大きかった。今の新宅先生のお話のとおり、いかにハイテク製品であろうとも、それがハイテク部品（モジュール）の寄せ集め、あるいはハイテク設備の寄せ集めで作れるならば、その製品はモジュラー型ですから、統合型・サッカー型の強みを生かせない日本の現場は追いつかれやすい。つまり、ハイテクだから自動的に勝てるわけではない。しかし逆に、ローテクでも設計がややこしければ勝てるということがあります。それが設計の比較優位論が示唆する競争現象です。「日本企業が、半導体で負けたのに高級便器で勝てるのはなぜか」を問うことが大事なのです。

中沢　地方で開かれる中小企業向けの工作機械の展示会などに行くと、2014年から15年は引き合いはとても増えていると、主催者らが言っていました。展示会に持参した機

械は、その場で売れてしまうそうです。中小企業の国内投資の引き合いは明らかに増えています。

藤本　直近の政策投資銀行のデータによると、日本の大企業や中堅企業の設備投資計画の対前年比の伸び率が2015年度は上がっていて、製造業のそれは現在20%以上の増加となっています。アメリカの金融バブルに乗って自動車企業などが調子のよかった2005年あたりでも、これほどの数字にはなっていません。これほど高い数字は、1990年以来です。まさに、冷戦終結後では最高の数字になっています。当面は景気の減速感もあるし、まだ1年だけのデータなので、今後長期的にどうなるかはわからないけれど、こうした点を見ても、日本の産業現場、とくに貿易財現場の夜は明けつつあるという印象を持ちます。

この調査では、設備投資先が国内か海外かを尋ねていますが、それを見ると、2012年くらいまでは海外のみ強化と答える企業が圧倒的に多かったけれど、近年は「内外ともに増加」と「内外ともに維持」が増えており、両方を足すと50%を超えます。一方、一方的に「国内を強化」という答えは今もすくない。ようするに、海外を減らして国内にもどってくるという話ではない。海外も国内も、両方ともに伸ばそうとしています。

中沢　健全ですね。

藤本　健全です。日本がダメだから日本を閉めて海外に行くとか、円安だから海外を潰して日本にもどるなどという短期思考の右往左往の話ではありません。その点、この間まで産業空洞化論を言っていた論者が今度は国内回帰論を言うのは、どちらも本質論から外れており、これも右往左往と言わざるを得ません。

国内と海外の同時強化は、世界産業史の大きな流れのなかにおける、企業の合理的な判断を反映したものだと思われます。そうしたなかで、まさに中沢先生が言っておられたとおり、アジアにおいて日本の中小企業の活躍が続くわけです。そもそも、日本の現場を残しつつ海外にも工場を出した企業のほうが、国内工場の出荷額もかえって伸びているという統計分析の結果もあります。

†ASEANの比較優位

新宅　ＪＢＩＣ（国際協力銀行）が毎年実施している「海外事業展開調査」で、国内事業と海外事業それぞれについて、事業強化・維持・縮小を尋ねる質問をしています。このマトリックスを見ても、国内外両方を強化するというところが多くなっています。

中沢 タイやインドネシアなどでは、ここ5、6年、労働運動が激しくなってきました。かつての日本のような左翼の運動ではありませんが、ストライキをして要求すれば、そのたびに30％くらい賃金が上がるのですから、調子に乗って毎年やってきます。日本から進出した企業などには、契約によって取引先に対する製品の供給義務があり、ストライキだからできませんというわけにもいかず、ほかの要求も含めて賃上げを認めざるを得ません。これでは、労働者たちにしてみれば、楽しくてしかたありません。いくらでも要求してきます。60年代の日本のような状況といえましょう。こうした制約条件などもまた、競争力のなかに含まれているはずです。

アメリカの自動車産業もかつて、UAW（United Auto Workers 全米自動車労働者組合）に悩まされつづけました。日本の企業は、労働組合が法的に組織しにくい地域（州）に工場をつくったり、UAWの協約に準じた労働条件にしたり、いち早く労働運動から抜け出しましたが、民主主義の成熟度あるいは仕組みの違いといえるかもしれません。そうした要素まで、競争力に影響を与えています。

藤本 ASEANを見ると、たとえば先日見てきたフィリピンは、自動車については基本的に輸入国になっていて、タイやインドネシアに置いてけぼりを食わされたようにも見えます。しかし一方、タイやベトナムやインドネシアの賃金高騰や労働不安などもあって、人の面で比較的に穏やかで英語もできるフィリピンやマレーシアが、ふたたび見直されてきています。

中沢 すこしくらい治安が悪くても、フィリピンのほうがいいといった空気になってきました。

藤本 普通に働いている人たちは概して勤勉な印象ですね。

ようするに、ASEAN諸国の間でも、労働市場や立地条件にかなり差があるわけです。

中沢 そう、それぞれの歴史経路が異なっており比較優位に相違が見られます。

藤本 フィリピンの自動車産業を見ても、インドネシアから輸入するもの、自分で作るもの、あるいはタイから輸入するものなどがあり、域内貿易が成立しています。

中沢 ASEANの中の部品などの移動には関税がありませんし、経済共同体としての関係を有効に活用できているといえるのではないでしょうか。

新宅 国内と海外の両方の強化と比較優位の話では、たとえばある企業は中国で、またある企業はタイ、あるいはインドネシアなどなどで量産を行い、日本にはそれらのマザー（手本）となる工場を持っていて、両方を強化するというのが、ひとつのパターンです。

ここで、最近私がどう考えればよいのか頭を悩ませているケースがあります。というのは、たとえば中国に量産工場を持つ日本のマザー工場が、離職率が非常に高い中国の工場でオペレーション可能な設備や工程を作るようになってきているのです。日本の優秀な技術者と作業者がいる工場であれば、それを最大限に活かした設備と工程がありうるはずなのに、あえて海外子工場のレベルに合わせて設計しています。中国の工場でも日本とまったく同じ設備が導入されて、まったく同じように作っていますと彼らは言うわけです。マザー工場だから、海外で導入しやすいものを日本で実証するという立場です。はたして、内外の工場がまったく同じであることがよいことなのかと、私は悩んでしまった。子工場に合わせて、マザー工場がレベルを落としているとも言えるわけです。すると、第2章の電機産業のアンケートの話をあてはめれば、9勝1敗ではなくて、すくなくとも見た目は5勝5敗とか4勝6敗になります。

藤本　「低賃金かつ低生産性」の路線に、みずから乗っているわけですね。

新宅　自動車などは、そんなことはしませんから、むしろ子工場のほうがマザーについていくのに苦労します。逆に、マザー工場がマザーと言いながら、子工場に合わせていれば、子工場のオペレーションが楽であることはたしかです。

藤本　多くの優良国内現場が、生産性は新興国工場の2倍だ3倍だと言っている一方で、ときどき、中国工場も国内工場も生産性はかわらないよ、という企業がありますが、それは現場を見ぬ本社の単なる思い込みか、あるいは実際に国内現場の能力構築が進んでいない企業なのでしょう。

†歴史的な苦境を生き延びた日本の現場

中沢　頑張れば報われる、頑張れば成果があがる、などとは簡単には言えない、という議論もあります。しかし、やはり頑張っているところはたしかに強い。ただし、頑張り方というものがあるでしょう。むやみやたらと頑張ればよいというわけではなく、能率的、合理的な頑張り方というのがあると思います。

トヨタ生産方式は、もとはトヨタの「私有財産」だったけれど、それを公開して「公共財」になりました。トヨタ生産方式がすぐれているのは、自分たちと同じことをしろというのではなく、それぞれの現場ごとにそれに沿ったものになる点だと思います。そこに、藤本先生たちが実施している「ものづくりインストラクター養成講座」も含め、緻密にさまざまな現場の「カイゼン」を進める事例が積み重なってきたことで、付加価値生産性を高める手立ては、まだまだあることが見えてきた気がします。

藤本 さきほども言ったように、アメリカ型の「IoT」のイノベーションは、たとえばグーグルがロボットメーカーを買ってどかんと世界を変えてしまうように、上空のICTの世界から降ってくるタイプだが、それに対して、俺たちは製造業の現場という下界から反攻するのだというのが、ドイツの「インダストリー4.0」の言い分だと思います。しかし、日本の現場から見れば、ドイツ人も本当に一番下から見ているとはいいがたく、たとえば上空にICTやインターネットやクラウドの世界があり地上に現場があるならば、その中間あたりのインターフェース層あたりから攻めようとしているようにも見えます。たとえばドイツの場合は、上空にSAP（Systemanalyse und Programmentwicklung）がいて、インターフェース層にシーメンスがいるが、その下の現場層は、中小企業も含めて考えれば必ずしも最先端ではない。日本の産業現場から見れば、やはり上から降ってきている感がある。高高度のところから降ってくるのがアメリカだとすれば、中高度あたりから降ってくるのがドイツ式で、結局、地上の現場でのFAの改善を一番やっているのはやはり日本ではないかと言いたいですね。

つまり、いま中沢先生が言われた現場の頑張りという点では、ポスト冷戦とデジタル産業革命という歴史的な苦境の25年を生き延びるという世界の産業史に残るような仕事を地道にやってきた日本の優良現場の粘りはたいしたものです。それを、ちょっと何かあったからといって、オタオタして自己否定するのは情けない話です。日本の大企業本社は、自社の現場の実力を信じて、それを付加価値や利益率に結びつけるビジネスモデルを、もっと考えてほしいですね。

第7章

貿易立国・日本の針路——戦後経営史から未来を読む

†ものづくりの現場から戦後経済史を読む

中沢　ここ20年から25年を経て、ようやく日本の現場の強さが再認識されてきました。この20年あるいは25年というのは、経済史的にみてひとつの時期区分にあると思います。そして、歴史は常に後追いではありますが、たとえばオイル・ショックやプラザ合意などのように、時代の分水嶺、転換点となる出来事がたしかにありました。藤本先生はかねてより、戦後経済史について、そうした時期区分を定義してこられました。ここで、戦後経済史の時期区分とものづくりについて、藤本先生のお考えをおさらいしたいと思います。

藤本　これは法則性といった厳密な話ではなく、いたっておおまかな歴史観のお話ですが、およそ20年区分くらいで戦後の現場史を見ていくのがわかりやすいように思います。

1945年から数年は戦後の混乱期なので、主には50年代から話を始めることになるのですが、その前に一言。そもそも、日本的経営論にある村論やイエ論など、前史に関しても、日本には集団主義の現場が多いという考え方が以前からありました。また、明治期の鐘紡における武藤山治《さんじ》（1867－1934　鐘紡の経営者）のものづくり思想については、桑原哲也先生（神戸大学名誉教授）の一連の研究が明らかにしています。戦前に世界で戦っていた日本の繊維産業には、すでに武藤を起点とする「流れ」重視の現場経営が広く浸透していたようです。その考え方が、自動車業界にも伝わっていったと、私たちは考えています。武藤山治と大野耐一（1912－90　トヨタ自動車元副社長。トヨタ生産方式を体系化した）が、間接的ではあるが生産思想的にはつながっているというのは、ほぼ間違いありません。というのも、大野さんは豊田紡織つまり繊維業界の出身で、その後、自動車産業に移られた方なのです。

私は30年くらい前に、大野さんから直接お話を伺ったことがありますが、以下はその際に聞いたお話です。彼は戦争中に豊田紡織からトヨタ自動車に移ります。移ってまず、

「自動車はなんと遅れておるのか」と感じたそうです。「紡織のやり方を導入すれば、たちどころに生産性が3倍とか5倍になるだろうと思った」とおっしゃっていました。当時、輸出の花形は繊維でした。そして、戦前日本の繊維産業におけるものづくりの立役者といえば、やはり鐘紡の武藤山治でしょう。

一方、戦後における日本の輸出の花形である自動車の立役者は、トヨタの大野耐一氏です。ところがその大野さんは、戦前に豊田紡織が日紡のベンチマークをしていたと言っています。そしてその日紡は、おそらくは、戦前の繊維のものづくりの中心にいた鐘紡から人材の引き抜きを行っていたでしょう。こうして鐘紡から日紡に鐘紡の流れ重視の生産思想が伝播し、それをまた豊田紡織がベンチマークしたと私は推測します。

それまでの豊田紡は、大ロット搬送、検査重視、工程別の建屋分断など、むしろフォード方式にちかいものを導入していましたが、おそらく鐘紡から学んだはずの日紡は、小ロット搬送、品質作り込み重視、流れに沿った建屋統合など、今でいえばトヨタ方式に近いやり方で生産をしていたのです。このベンチマークを経験した大野さんが、その後、自動車産業でトヨタ生産方式を開花させたのですから、戦後の日本的ものづくりの立役者であった大野さんが、間接的とはいえ、戦前の立役者であった武藤山治の影響を受けていたことはまず間違いないでしょう。さらなる歴史的な検証が待たれます。

1945年の9月、戦争終了から間もない焼け野原のときに、豊田喜一郎氏が社内で、「フォードと生産性で10倍近い差があるが、3年で追いつくぞ」とおっしゃいます。さすがに3年では追いつきませんでしたが、社内の機械職場の一部は、約10年で追いついています。つまり1950年代、つまり本格的な高度成長や量産体制が始まる前に追いついていた。その後に量産効果による生産性向上が加わるわけですから、日本の自動車工場が米国自動車メーカーの工場を生産性で凌駕していったのは、ある意味で当然の帰結と言えるでしょう。

†アメリカの影と経済成長

藤本　とはいえ、日本はあれだけの戦争をしでかした国です。アメリカなどの戦勝国にしてみれば、危険極まりない国なので、すくなくとも50年くらいは干しておこう、富国強兵などとんでもない、弱小民主国家として干しておこうと当初は考えたのでしょう。ところが、終戦直後の1947年に冷戦が勃発します。そして日本は西太平洋で東側陣営に接する戦略的な場所にたまたまある。こうなれば話は別で、日本経済があまりに弱体なままで混乱していると、革命を誘発し、日本は東側にもっていかれてしまうかもしれない、と戦勝国アメリカの為政者は心配し始めたのでしょう。

中沢　国内でも、左翼が強かったし……。

藤本　そうした空気のなかであれば、私がマッカーサーでも、日本を経済的にいじめすぎてはいけないと考えます。富国強兵はダメでも、富国平和くらいならよいだろうというわけで、日本の経済発展を許容する方向に方針が転換されました。

中沢　時をおなじくして、朝鮮戦争も起きてしまいました。

藤本　そうですね。そしてその後、日本経済はいわば「アメリカの工場」として伸びていくことになります。QC（Quality Control）などももともとは統計的品質管理としてアメリカから日本にもたらされたものだし、さまざまな技術供与も受けました。なにより、その後、貿易摩擦があったとはいえ、アメリカ市場を基本的には開放してくれた。すなわち、戦後2年にして冷戦が始まったという歴史の偶然、日本が冷戦構造のなかで西側の西端という戦略的な位置に存在したという地政学的な偶然、これらが日本のものづくりに多大な影響を与えたのでしょう。しかも冷戦の間は、日本のすぐ隣で鉄のカーテンが閉まり、中国はグローバル市場に出てきません。南北間においても植民地問題の後遺症が残り、南側の発展途上国は保護主義で自国を守るのに精いっぱいという状況で、やはりグローバル市場には現れません。こうした状況に支えられて、日本は、当初は簡単なものから次第に高級品、さらに複雑な物を作って多くを北米に輸出する「アメリカの工場」として発展していきました。これが50～60年代の高度成長期の現場を取り巻く環境です。

高度成長期といえば、その国の産業のいわば青春期で、人格形成期のようなものです。この高度成長期のありようで、その国のその後の産業特性がかなりの部分決まると言ってもよいでしょう。言い方を換えるなら、それぞれの国の高度成長期の歴史的事情が国ごとに違い、それが各国の産業現場の組織能力のありようにも影響を与えたのです。

言うまでもなく、アメリカにも20世紀前半に高度成長期があったし、中国にも1978年以後の改革開放期というそれがありました。アメリカの高度成長を支えたのは、大量の移民です。ですから米国の産業現場は、大量に流入してくる移民たちを即戦力として活用する必要がありました。中国も、内陸の人たちが沿海の地域に数千万人あるいはそれ以上出てきて、この大量の人員を企業や産業が即戦力で使うことになります。そうなれば、米国でも中国でも、分業化、シンプル化、標準化、モジュラー化といった即戦力化を支える仕組みに頼ることになり、その結果、両国では分業重視の産業現場がたくさん形成されました。人がどんどん入れ替わっていっても機能するような、単能工依存の仕組みです。その点では、アメリカと中国は意外に似ています。外から大量に流入する労働力の即戦力活用という高度成長期の状況が似ていたからでしょう。

ところが日本は、米中とは違い、そうした移民や農村労働力の大量流入なしで高度成長期を乗り切らねばなりませんでした。たしかに出稼ぎ労働者は存在しましたが、米国や中国の大量流入とは桁が違います。このため、私が子どもだった1960年代の日本の失業率は1％以下でした。慢性的な労働力不足です。その結果、いちど雇った従業員は大切にし、いちど確保した下請けを大切にするという長期雇用・長期取引が、経済合理的な対策として定着していきます。

長期雇用・長期取引という考え方は、もっと以前、たとえば戦前から日本にはあったという説もあり、それは否定しませんが、私は、少なくとも産業現場に関する限り、高度成長期の影響が大きかったと考えます。

いずれにせよ、こうして安定した職場がたくさんできてくると、長く一緒に働くのですから、ツーカーの関係、阿吽の呼吸、職場のチームワークが強まるのは自然でしょう。

一方、人手不足で猫の手も借りたいので、分業している暇などなくて、これも自然に、ひとりがいろいろな仕事をこなす多能工化が進みます。つまり「多能工のチームワーク」という組織能力を現場で高めていかないと、どんどん増えていく仕事をこなせない。こうして、統合型・サッカー型の産業現場が高度成長期の日本にたくさんできました。その代表格がトヨタで、大野さんのトヨタ生産方式が確立するのも、まさにこの時期です。

†貿易立国という「国家百年の夢」

藤本　ところが70年代に入ると、国内は低成長期（それでも平均4％成長）に入り、オイル・ショックもあり、その前にニクソン・ショックもあり、円高も始まりました。国内は低成長で、対外的には円高が始まるという厳しい状況です。繊維産業などの一部の企業は、この段階で国内生産をギブアップしてしまいましたが、その一方で、サッカー型のチーム能力を構築していた貿易財の国内現場の多くは、能力構築による生産性や品質の向上でこれに対抗しました。結果的には、円レートが3倍になるような対外ハンディの上昇にもかかわらず、貿易黒字が拡大し、一部の貿易財ではアメリカなどと貿易摩擦を起こすほどでした。そして80年代には日本の産業の強さが際立ち、Japan as No.1とまで言われました。

その間に、日本の賃金はアメリカに追いつきましたが、かたや冷戦下の中国は鉄のカーテンの反対側におり、ASEAN等は南北問題を抱え輸入代替政策つまり保護主義に傾斜しており、要するに低賃金の国々はグローバル市場にまだ顔を出していません。韓国や台湾の台頭は始まったばかりです。かくして、冷戦終了前の20年というこの時期に、日本の産業競争力はひとつのピークをむかえていました。当時の貿易統計を見ると第2次オイル・ショック後、プラザ合意前の1980年代前半、日本は短期間だが「国家百年の夢」を達成しています。つまり、日本は原料・材料・食料は買わざるを得ないのだから、工業製品を輸出することでこれをすべてまかなわなければいけないという「垂直貿易」の宿願が、このころにほぼ実現していたのです。開国後の明治の初期には御茶や生糸を売って機械を買っていた逆垂直貿易で、「今に見てろ」と言っていたのが、途中、戦争でつまずいたりしながらも、垂直貿易を実現すべく走りつづけてきて、1980年から1985年ぐらいの一時期についにそれをほぼ完全に達成したわけです。

実際、当時の統計を見ると、燃料・原料・食料を輸入し、工業製品を輸出するという垂直貿易を、ほぼ完全に達成しています。ちなみに白洲次郎（1902－85　官僚・実業家）が創設に関与した通商産業省とは、要するに貿易産業省という意味で、産業の前に貿易という字がある。まさに、いずれはすべてを輸出するぞという使命感を持った官庁でした。そうした貿易立国としての国家百年の夢が実現した瞬間が、1980年代前半にあったのです。しかしプラザ合意後の1980年代後半は、円高が厳しくなり、韓国や台湾の台頭もあり、日本は、燃料・原料・食料を輸入し、かつ工業製品も輸入しつつ、それ以上に工業製品を輸出して帳尻を合わせる国になっていきました。しかし貿易黒字は続きます。その間、バブル経済もありました。

原料・材料・食料を輸入しなければいけないのは、明治も今もまったく変わりありません。それなら、原料・材料・食料を輸入する分の輸出は工業製品で稼ぐしかないでしょう。日本経済の健全性の維持にとって大事なのは貿易収支の均衡か経常収支の均衡かといえば、巨額の財政赤字を抱える日本の場合は経常収支の均衡でよいと私は思いますが、いずれにしても、燃料・原料・食料を輸入し、経常収支を安定化させる程度には、輸出品目を確保し、工業製品の貿易黒字を維持しなければなりません。その意味で「貿易立国」とは、天然資源がほとんどないという、昔も今も変わらぬ現実を背負った日本という国の存立条件に関わる言葉です。

　昨今、日本は貿易黒字がなくなったのだから貿易立国ではなくなったといった議論が見受けられますが、これは貿易立国という言葉の意味を取り違えていると思います。貿易立国とは、本来、日本は貿易で儲ける国だ、という重商主義的な意味の言葉ではなかったはずです。たまたま30年以上、日本は大幅な貿易黒字が続いたので、いつの間にか「貿易立国＝貿易黒字」という用法が出てきた感がありますが、そのように書いてある辞書はみたことがありません。貿易立国とは「天然資源不足国である日本の経済が成立するには工業製品の貿易とくに輸出が必要である」という、もっと穏便な概念であり、それは自由貿易とも、貿易均衡とも、そして貿易赤字とさえも矛盾しない概念だと私は考えます。

†安全保障としての現場——円暴落シナリオを超えて

藤本　90年代に入っても、日本が工業製品を輸出し輸入もする状況には変わりありません。東日本大震災の後は、天然ガスなど燃料を大量に買って貿易赤字になっているけれど、それらの燃料・原料・材料を除いて工業製品の輸出入だけを見てみれば、日本は依然として圧倒的な貿易黒字です。それは貿易論に照らせば当然の話なのですが、ともかく輸出すべきものは輸出しなければ貿易はバランスしない。

一方、われわれは重商主義者でも保護主義者でもないのだから、輸入すべきものは基本的にはどんどん輸入すべきと考えます。理想をいえば、国内現場の生産性をさらに上げていくことで、1ドル＝80円でも利益を出し、しかも賃金もどんどん上げることができれば、80円の恩恵として海外のものが安価に入ってくるようになり、結果われわれの生活も実質的に豊かになる。それが日本の産業の一つの目標でしょう。近年の1ドル80円という円高はさすがにきびしかったがそれは日本の国内現場の実力がまだ足りなかったからで、その後の円高是正で一息ついたわけです。しかし、今後、日本の貿易財現場がさらに生産性を高めることができれば、円が再び高くなっても雇用と利益の両立は可能でしょう。国民生活的には、それがより良い形です。

一方、我々の子供たちの生活を考えるなら、円の暴落・国債の暴落・金利の高騰があってはなりません。日本はお国がたいへんな借金を抱えています。国の借金というのは、返済のあてのない借金で、それがこんなにある状態で、経常収支が長期的に赤字基調になるとさすがに危ない。アメリカのように経常収支が赤字でもちゃんとやっている国はあるのだから問題ないという人もいますが、日本はこれほどの財政赤字を抱えているので、さすがにそれは危険だと私は思います。国債を買っているのはほとんど日本人だといっても、このまま財政赤字が増え続ければ、モノには限度があります。どこかで国債の暴落、金利の暴騰、円の暴落という見たくもないシナリオのことも、考慮には入れておかなければならないでしょう。

私は、円が80円から120円まで下がっていったときに、このまま円安が止まらねばもはや暴落だぞと、ひやりとしました。そうなれば、金利や輸入物価の高騰で日本経済も国民生活もめちゃくちゃになるでしょう。それが120円あたりでとまり、よいあたりで止まってくれたとほっとしました。

そうはいっても、今後もいつどうなるかわかりません。万が一、円が暴落すれば、日本の経済は、1997年のアジア通貨危機の際のタイや韓国などのようなことになりかねません。

では彼ら、韓国やタイはどうやって立ち直ったかといえば、一つには、彼らは輸出可能な貿易財の現場を国内に多く持っていたのです。日本でも、たとえば1ドル＝150円になったなら、これまで円高の中で耐えてきた国内の現場の多くが、輸出拠点として活躍することになるでしょう。しかしこれは、「その時に国内に良い現場がちゃんと残っていれば」という前提にもとづいた話です。良い現場が残っていなければ、そもそも不可能です。日本が円暴落という経済危機に陥った時、何とかがんばれるのは輸出拠点ぐらいしかないのです。これはもはや経済安全保障の問題とさえ言えるでしょう。

日本という国が今後長期的に円暴落のリスクをかかえていくのである限り、私たちの子どもたちにより良い生活を送ってもらうためにも、結局のところ、良い現場を残していく必要があるのです。

とはいえ、貿易財の良い現場に戻って考えれば、その多くが長いトンネルを抜けつつあると思います。ふりかえってみれば、90年代の初めに冷戦が終わり、ポスト冷戦期の時代が始まりました。さきほどもお話したように、賃金20分の1というべらぼうな低賃金人口大国が突然隣に出現してきたという異常な事態の中で、日本の貿易財メーカーは、もう低賃金国に工場を作るしかないと言って、主に中国に工場を建てました。すると、海外に出てみてはじめてわかることもあるわけで国内工場の生産性をどのぐらい上げれば生き残れるのか、目安がわかってきた。そこで国内の優良な貿易財現場は、生き残りのための目標を立てて、能力構築や生産性向上を本格化させた。そうこうするうちに、中国を筆頭に新興国の賃金高騰が始まる。その結果、ここ数年、徐々にコスト競争力での逆キャッチアップが進行していました。こうして、明るい光が見えてきたというのが、日本の良い現場の今だろうということです。

新宅　私は直接見てきたわけではありませんが、日本のものづくり現場が人手不足に悩まされた時代がありました。失業率はほとんどゼロに近く、中卒や高卒をいかに確保しようかと頭を悩ませていました。

中沢　私が高卒の際には、新卒の求人が20倍でしたよ。

時代によって異なる制約条件

新宅　さらにそうしてやっと確保した人材に、今度はいかに定着してもらうかと企業は考えます。大手企業でさえ、そのために福利厚生で教育を行って、たとえば中卒を採用しながら社内学校を設立したり、夜間高校に通わせて、卒業すれば高卒の待遇にするなど、工夫をしていました。その一方で、仕事は増えつづけていますから、彼らをうまく使わないといけません。作れば売れるけれど、すくない人材で作るにはどうすればよいのかと考えていたのが、50年代、60年代だったでしょう。

さらに賃金も上がってきます。人はすくない、賃金（コスト）は上がる、そうした中でやっていこうとすれば、生産性をあげるしかありません。まして作れば売れるのだから、生産性をあげて生産量を増やせば、コストの上昇にも対応できます。せっかく手にいれた人材を手放さないように大事にして、チームワークを高めることで生産性を上げるという体制が整ってきたのが、60年代から70年代くらいだったと考えられます。

ものづくりにかかわる制約条件として考えるならば、ここまでは、いわば国内の事情で生まれた制約でした。ところがその後の制約条件を見ると、外生的な要因のほうが大きく影響してくるようになりました。

まずは、オイル・ショックです。日本はその原因にあまり関係もなく、巻き込まれたようなものです。つぎが円高、プラザ合意です。その原因に日本は関係ないとは言えませんが、直接的な原因としては、レーガン政権下のアメリカ経済がもうボロボロになりすぎたということでしょう。すなわち、円高が目的ではなくて、ドル安への誘導が目的でした。結果的には、その影響が一番大きかったのはドル円レートだったわけで、それは裏返して考えれば、円高のほうが、短期的にはアメリカに好都合だったという事情です。

そして90年代の中国の出現ですが、これはもうまったく中国の事情でした。それものづくりのグローバル化の一環なのでしょうが、ようするに、海外の出来事に巻き込まれて、そのたびに日本のものづくりが揺らぐという事態がつづいてきたわけです。なかでもとりわけ揺らぎをもたらしたのが為替だと思います。為替は動きが激しいのです。

たとえば、中国では賃金が上がりにくいといっても、じつは90年代の後半から着実に上がっています。たしかに2005年以降の上がり方が急ですが、それ以前からけっこうな勢いで上がっていました。タイやインドネシアも最近急上昇を始めて、そうした一定ではない曲線を描く傾向はあるけれど、いずれにしても、上がるということ自体は間違いがありません。ところが為替はどちらにも動くし、動いたときの振れ幅が大きい。賃金なら、明日から5倍ということは起きません。対して為替の変動は激しい。

そして、これから中国の為替レートもどうなるかわかりません。ASEANの国々も、ドル連動ではなくなってきました。韓国がいま困っているのも、ドル連動ではなくなったせいです。そうしたなかで、これまで日本の企業は、円を基調とした為替レートを判断基準においてきましたが、これからは国ごとに為替がどう動くのか、考えなければなりません。それでも、現場は簡単には動けない。現場にとって、移ろいやすい為替の存在は、非常に大きな制約条件なのだと思います。

中沢　かつては、円とドルの2国間関係だけで、通商がある程度仕切れる領域が広かった。日本とアメリカを合わせると世界のGDPの4割を占めるというほど、この2国が大きかったために、円とドルだけを見ていればよかった。ところが今は、円、ドル、ユーロ、さらに元が登場といったぐあいに、多国間でなければ調整が利かない世界になりました。かつて日本が飲んだ煮え湯を、すこしずつでもほかの国々も飲まざるをえなくなってきました。

藤本　為替は絶えず変動しますが、だからこそ、それに惑わされず、より長期的な視野で産業の競争力の動向を考えなければいけない。中国の賃金がいずれは上がるとは想像もできなかった人々がかなりいたようですが、いずれは上がるという経済理論は昔からあったし、現実にも、結局は上がりました。そうして日本との差は確実に縮まっていったのです。ところが、そこに為替が上がった下がったの話が入ってくるために、賃金や生産性の長期的な国際動向が見えづらくなります。

グローバル企業の経営者は、短期的な為替変動ばかりに一喜一憂せず、10年後、20年後を見通して長期的な判断をしてほしい。自分の任期中の3年間無難にいければよいと考えるような社長さんだと、おかしなことになるわけです。

中沢　いつまでも120円ではないのだから、採算為替レートの平均値といわれる85円で考えるなど、採算為替レートで経営してもらわないと困ります。

藤本　90年代の円高のときにトヨタの人がぼやいていました。うちが採算為替レートを100円に設定したら、為替レートが100円になった、うちの採算為替レートを現実の為替レートが追いかけてくる、と（笑）。

中沢　採算為替レートは発表しないほうがよいかもしれませんね。そこまでは大丈夫なのだと思われてしまいます。

藤本　為替変動とグローバル経営の関係については、もうひとつ論点があります。為替変動が怖いあまりに、極端な地産地消を方針として打ち出す経営者が時々いらっしゃいますが、それは本当に経済原則的に言って正しいのか、ということです。確かに各国の中で100％自給自足で生産や購買を行えば、企業業績が為替変動に左右されることはありません。しかし、それはよく考えれば、貿易の否定であり、比較優位原則の否定であり、経済原則からいえば暴言とさえ言えます。確かに、各国には保護貿易政策が残るし、輸送費も市場の不確実性も為替変動もあるので、比較優位原理による最適立地だけでは現実的ではない。市場で作る市場立地をそこにまぜる必要がある。その匙加減こそ、経営者の仕事でしょう。しかし、いくら何でも、現代のグローバル化した経済で、比較優位原則を無視して市場立地の地産地消のみに頼るのは、極論です。あくまでも比較優位立地と市場立地をバランスよく組み合わせるのが、グローバル経営の基本形だと思います。トヨタを見ても、たしかに市場立地で現地生産しているところも多いけれど、トラックを輸出しているタイなど、輸出拠点になっている現地工場もあるし、もちろん日本からは輸出しています。地産地消を極端にやりすぎる自動車メーカーがあると、日本のように自動車生産に比較優位をもっている国の国内生産量が不自然に少なくなる恐れがあります。

†見通し、風通し、見える化

新宅　今までのお話を聞いていて、考えたことがあります。第2章でご紹介した電機連合のアンケート調査の後半では、対海外工場ではなく、国内工場の間で見られる現場力の違いをもたらす原因について分析しました。現場力の高い工場と低い工場とで、職場にどのような差があるか、という調査も行いました。そのなかで興味深い結果が得られたのが、「見通し、風通し、見える化」というキーワードで行った調査です。

「見通し」というのは、職場のあらゆる階層で、10年後の会社の姿や10年後の自分の姿が前向きに描けているかというものです。もちろん10年後に彼らが描いたとおりになるとはかぎらないのだけれど、それでも、「この職場は10年後もつづいていて、こうしたことをやっており、そのなかで自分はこんな役割を果たしているだろう」というイメージが見えているか、という問いです。

私たちの同僚の高橋伸夫先生（東京大学大学院経済学研究科教授）が長くつづけてこられたホワイトカラー現場における組織活性化調査で、ホワイトカラー現場のなかでも活性化された組織の特徴を、いろいろと研究されてきました。そして、絞り込みをすすめた結果としての最終的な変数のひとつが、この「見通し」です。彼は、この「見通し」を調査・比較する「見通し指標」という指標を作って、調査をつづけています。私たちは、これはホワイトカラーにかぎらず、ブルーカラーにも有効だろうと思えたので、電機連合の調査に取り入れてみました。結果を見ると、やはりこれが大きな影響力を示していました。

次の「風通し」というのは、横だけでなく、たとえばリーダーとワーカーがどれだけ話をできるかといった、ようするにタテのコミュニケーションの度合いを測るものです。提案すればリーダーは取り上げてくれるか？　そのリーダーはさらにその上の課長とコミュニケーションをとれるか？　会社の雰囲気は、それをさせてくれるか？　あるいは、怖くてものも言えない雰囲気か？　といったことが「風通し」です。

最後の「見える化」は、いわゆる標準化、ルール化です。標準化ができているかどうかを問いました。

この3つについて聞いたわけですが、やはりよい現場は3つとも高かった。発想は違うところから出てきたキーワードだったのですが、相関して高い傾向が見られました。3つとも高いところは、現場の力も強く、全員が改善意欲をもち、いろいろなことに前向きに取り組んでいて、結果的によい成果指標をあげているという関係性が見事に表われたのです。

この調査は電機業界が対象なので、先行きがわからず事業戦略が見えなくなっていて、トップも中堅もみんなが自信喪失して、向かうべき方向を示す旗振りすらできなくなっているところもありました。それでも、たしかに10年後なんてわからないけれど、こっちにいけばなにかしら出口がありそうじゃないか、といってリーダーが率先して引っ張っている現場は、みんなが前向きに頑張って、成果を出しているのです。

中沢 目標があるのですね。

新宅 そう、目標があるからできるのですね。工場長がこっちへ行くぞと旗を振って、工場長自らが営業マンになって顧客開拓に走り回っているような現場は、みんながそれを支えようとして生き生きしています。工場長や事業部長が迷っているところは、現場のだれもがうなだれて、空気がよどんでいます。現場の空気が違います。

見通しを共有している集団

藤本 妙な話ではありますが、社内にパトロンがいる工場といない工場で、存続の可能性に差が出るという話があります。

新宅 パトロンですか？

藤本 たとえば、その工場の出身の経営者や、その地域出身の経営者や有力者がいればその人が守護霊のように、いざとなると出てきてくれるわけです。逆に、そうしたパトロンのいない工場は、実力や潜在力があっても閉鎖のリスクは高まるかもしれません。そういうことで工場の存否を決めてはいけないと思いますが、現実にはありうることでしょう。

そうした話も含めて、現場は逆風に耐え、生き残りをかけて能力構築を続けるわけです。その意味で、現場は、まずもって場所的存在なのですが、なおかつ人の集団でもあります。さらに言うなら、今のお話にあった「見通し」を共有している集団こそが良い現場なのかもしれません。私たちがずっと見てきた現場のなかに、相模原にあったセントラル自動車（トヨタ系）の組立工場があります。ここはリーマンショックの後、生産量が7割減りました。それでも現場は生産性向上の取組をつづけていました。しかし、2011年に、相模原工場は閉鎖して工場は宮城に移り、やがてセントラルもトヨタ自動車東日本という会社に吸収されました。しかしその際、およそ8割の人間が、工場と一緒に相模原から宮城に移っています。10年後の宮城の工場でそこに立っている自分の姿を想像できるからこそ、これだけの人間がともに移ったのでしょう。そう考えれば、相模原工場と宮城工場は、人の集団としてみれば一つの現場とみなせるかもしれません。たしかに場所的存在として考えれば、相模原でひとつの現場が閉鎖されて、仙台に新しい現場ができたという話ですし、プラスαを仙台で雇い入れてはいますが、8割の人間が移ったとするならば、越後の上杉が米沢に移ってもやはり上杉であり続けたように、これはもうひとつの現場が継続したと見てよいのかもしれません。

もともと大阪にいた中手の造船所も同様です。彼らはタンカーなどが作れるスペースを求めて大阪から九州などに出ていきましたが、多くの従業員が工場と一緒に大阪から九州に動いたそうです。オイルショックもあってその時にずいぶん減ってしまったのですが、それでも多くが残り、その後のすさまじい逆境を乗り越えながら、そして今、これらの会社も現場もとても元気です。

結局、現場というのは、見通しを共有する集団ということなのでしょう。

†現場は人を育てる

藤本　では、これから先はどうなるかといえば、私は、貿易財は「グローバル能力競争」の時代になっていくと思っています。それは、どの国の工場も頑張らなきゃ生き残れないということであり、ある意味で健全な競争状態です。低賃金に胡坐《あぐら》をかいていてもダメだし、為替レート安に胡坐をかいていてもダメです。結局みんながそこそこよい暮らしをしながら、貿易をある程度バランスさせようとするなら、どの国の現場も最後は物的な生産性で競争をするしかない。みんながこれに気づいて、みんなで生産性をあげましょうとなる。すると、日本は現場のラインの物的生産性は円高や低賃金国との競争でいじめられてきたぶん強い。そこであらためて、日本の現場に学ぶことが多いのではないかと、インドにせよ中国にせよ、すでに気がつく人は気づいています。

私は、21世紀の日本は人口から考えても中規模の経済国になればそれで十分だが、現場の実力やサービスの質、そして国民生活水準の高さでは世界で一目置かれる存在になれると思います。すくなくともこの部分については、自信を失う必要はまったくありません。たしかに日本は、国の運営でも大学の運営でも、海外から学ぶべきものがたくさんある国ですが、こと現場の素の実力については世界に発信できるものをたくさん持っています。10年後に自分がそこに立って活躍している姿が想像できるような明るい現場が、すこしでも多く残っていけばよいと思います。

現場は、人を育てます。そこに人生の意味を見出す人がたくさんいます。東日本大震災の後にテレビを見ていたら、家と船の両方を失った漁師にどちらが先に欲しいかと尋ねていました。すると彼は「当然、船だ。家は後でいい」と答えました。そしてその後に、彼はボソッと言いました。「俺は海に出て人間になるのだから」。漁師にとって、海（漁場）とは現場です。彼は、現場に出ることで、人間になると言ったのです。

もちろんすべての人間がそうでもないでしょう。現場が苦痛だという人もむろんいます。しかし「良い現場」というのは、多くの場合、人に「人生の意味」を教えてくれる場所なのではないでしょうか。働いている人間にとって、現場は家とともに人生の中で長い時間を過ごす場所です。子どもたちの未来のためにも、「良い現場」を残していくことは、我々の世代の使命の一つだと思います。

中沢 たとえば、「これは買ってくれればよいのではないか」とか「モジュラー化できないのか」と現場で聞くと、「自分の手でモノを作るのが楽しいのであってそれを手放すわけにはいかない」といった言葉が返ってきます。安上がりに作ってただ儲かればよいわけではなくて、彼らには、自分はそこで技術を磨き、自分自身を磨いてきたのだという誇りがあります。モノを作るプロセスの楽しみは手放したくない。そうした気持ちが彼らにはあります。

あとがきにかえて

藤本隆宏

私の手帳を見ると、2015年9月28日午前10時〜午後3時ごろ、鼎談者の中沢、新宅、藤本と、筑摩書房永田、フリー編集者横井の5人が東京大学本郷キャンパスのものづくり経営研究センターに集まっている。中沢さんが昼食に出前注文した鰻が殊のほか美味であったと記憶する。それもあってか、中沢さんの用意したあらすじに従いつつ、原稿なしで言いたい放題をしゃべったと記憶する。この3人だと、トーンやボキャブラリーがほぼ共通なので、余計な説明が不要で、話は面白いように進む。しかしそれだと読者には説明不足になりがちで、とくに藤本は話が飛び過ぎ意味不明の箇所が多かったので、あとで加筆修正した。また、例によって藤本がしゃべり過ぎているので、中沢・新宅両氏には、それぞれ1章ずつ書きおろしていただいた。

私は本書と並行して、別の本も仕上げの最中だが、そちらは完成に十数年を要した。他方で、数時間のおしゃべりと、2日ばかりの校正作業、3カ月ちょっとの期間で、メッセージの明確な本が1冊できてしまうのが、本の不思議なところだ。むろん永田氏の周到な期間管理と横井氏の細かい編集サポートがあればこそのスピード進捗ぶりである。御二人に感謝の意を表する。

この上、付け加えることは無いかといえば、あることはある。それぐらい、このテーマであれば3人ともまだまだ言うことがたくさんある。最近見たことや考えていることを中心に、多少付け加えてみる。結果、これは、あとがきというよりは、中身の続きかもしれない。

†苦闘の四半世紀を超えて

まず全体を総括する。本書では、2010年代半ば、つまり冷戦終結から四半世紀たった日本における、貿易財の優良現場、あるいはそれらを擁する日本産業や日本企業に焦点を当てた。そこから始めて、話は非製造業にもおよんだが、今回の主役はあくまでも貿易財系の製造業である。これは、我々3人が製造業が好きだからというわけではない。冷戦終結後のグローバル競争の中で、最も厳しい激戦地であった貿易財の領域で、大きなハンディを背負いながら持久戦を戦い抜き、逆境に鍛えられ、強くなりつつ存続したのが、多くの国内の貿易財現場だったからである。それは誠に地道な戦いであり、目覚ましい勝利などあまりないが、生還しただけでも勝利に等しいとも言うべき、世界の産業史に残る奮戦であったと我々は考える。

本書で何度も言及したが、半世紀続いた冷戦期に蓄積した、20倍以上とも言われる中国他新興国との異常な賃金差が、90年代初頭の冷戦終結後に一挙に表面化して、国内の貿易財現場が突然に輸出競争力を失う中で、それでもあきらめずに能力構築を続けた国内の「良い現場」は、今、四半世紀におよんだポスト冷戦期の長いトンネルを抜け出しつつあると我々は考える。

そして、これからは「グローバル能力構築競争」の時代である。つまり、日本など先進国の企業や工場だけでなく、新興国の企業も工場も「流れ改善」が必須となる時代である。国内の良い現場は、グローバル企業の一翼を担う「闘うマザー工場」として海外工場の流れ改善を行いつつ、自らもさらに能力構築を続け、地域の一員として現場存続と雇用維持の努力を続ける必要があろう。現場とは、企業の一部でも地域の一部でもある両義的な存在であるからだ。同様に地場の中小中堅企業にとっても、これまでに増して、能力構築による国内現場の生産性向上、実力に応じた海外生産進出、そして新市場の開拓や新製品の開発が重要になる。

一方、少なくとも理論上は、付加価値作業時間比率を2倍3倍と高めることで、物的労働生産性を今の2倍3倍に向上せしめることが、多くの優良現場でまだまだ可能である。つまり、実質賃金を向上させつつ比較優位を維持できる工場が、日本にはまだ沢山ある。実際にそうした直近の事例も多い。現場改善に限りはない。

今後の課題は、貿易財を中心とするこうした「良い現場」が長い奮戦の中で学んだ「良い設計の良い流れ」作りの能力構築能力を、いかにしてサービス業や農業などに普及させていくかである。製造業でも非製造業でも、やるべきことはたくさん残されている。

ところが、現場は寡黙な組織であり、外に向かってあまり発言をしない。票にならないので政治的影響力もあまりない。このため、言論人や為政者や産業人の中には、同時代にこのような現場の戦いが水面下で繰り広げられたことに無関心な人が多い。

であるからこそ我々は、ポスト冷戦期における国内優良現場の「苦闘の四半世紀」の戦記を後世に伝えていく必要があると考える。それが、21世紀の初頭を生きた我々世代の産業・企業研究者の一つの役目だと考える。

では将来はどうなるか。とりあえず2020年代に向けて考えるなら、明るく良い現場をもっと増やしていく必要があるし、経済・産業・企業・現場の今の状況から見てもそれは可能だと思う。いずれにせよ、明るく良い現場がなければ、そこに明るい日本経済はないだろう。

ここで明るい現場とは、新宅教授が指摘するように、「見通し」の立っている現場のことである。たとえば、10年後に自分がそこにいて活躍していることが容易に想像できる工場である。また良い現場とは、自らの存続のために能力構築の努力を続け、高度な「裏の競争力」を維持しているしぶとい現場のことである。

そうした明るい現場、良い現場が国内にたくさん残れば、それらは、①世界中の顧客満足に貢献し、②国内外の関連会社を含む企業の利益に貢献し、③地域の雇用確保に貢献する。良い現場とはそうした「三方よし」の存在である。三方よしとは「売り手よし、買い手よし、世間よし」という近江商人の論理で、この場合の「世間」とは地域社会のことである。地域重視と相互信頼にもとづき創造的な問題解決をめざすこの論理は「賢明な合意」として国際的にも評価が高いと田村次朗慶應大学教授は力説する（田村〔2014〕）。良い現場とは、そうした顧客・企業・地域重視の問題解決を行う場所に他ならない。

さらに良い現場は、人を育て、多くの人の人生に意味を与える。万一円が暴落した危機時には、日本経済を支える最後の砦ともなりうる。

我々3人は、バブル経済時にも、その後の不況期にも、金融危機時にも、円高で日本産業空洞化が叫ばれた時期にも、リーマンショックの時も大震災の時も、良い現場を作り日本に残せと一貫して言い続けた。しかし今、ポスト冷戦期の低賃金国優位の局面が一段落し、グローバル能力構築競争の時代が来つつある中で我々は、日本を起点として「世界中に良い現場を残せ」と呼びかける時代になってきたと感じる。実際に我々は、韓国でも台湾でも中国でも東南アジア諸国でもインドでも、あるいはアメリカでもイギリスでもドイツでもロシアでも、どこにでも出かけ、「貴国もよい現場を残すべきではないか」と講演し、学者間の交流や国際共同研究を続けている。そうした、ものづくり能力構築の国際連携の機運が高まっているのも、「ポスト冷戦期の終わり」という今の時代の特徴であろう。

†現場と経営の信頼関係——隠れたアドバンテージ

ただし、各国が「良い現場」を国内に残し、そこで「良い設計の良い流れ」を実現するものづくり革新を継続していくためには、忘れてはならない前提条件がある。

それは、「信頼」(trust) である。現場と本社の相互信頼である。とくに、遠隔にあるグローバル大企業本社や海外にある外資本社と、地域の現場の間の信頼関係の構築が重要だ。これには、当事者の努力や能力に加え、各国の精神風土や歴史なども絡むので複雑である。

第1に「現場は経営者を信じるか」である。低成長下で生産性を向上させれば、余剰人員が出るのは不可避である。彼らを雇用し続けるためには、経営者が新しい仕事を確保していくしかない。現場の側に「社長は必ず仕事を取ってきてくれる」という信頼感が無ければ、彼らが生産性向上運動に協力することはまずないだろう。

先日、ロシアの学者と労働者のグループが、日本の優良工場を見学に訪れた。新宿の喫茶店で彼らと話したが、「日本もロシアも、これからは生産性を上げていかなければ産業がもたないよ」と私が言うと、「現場が生産性を上げると賃金は上がるのか?」「生産性を上げても解雇されないのか?」と、素朴な質問が返ってきた。そこで、「日本の地場企業では、社長が走り回って仕事を取ってくることが多い。ロシアではどうか?」と尋ねたところ、「将来そういう経営者がロシアにも出てくるとよいのだが……」と語尾が濁った。彼らは、経営者を信じていなかった。

一方、韓国に詳しい気鋭のアナリストに最近の事情を聞けば、ある韓国企業が国内工場に新鋭設備を入れようとしたところ、政府から「生産性が上がればおたくの経営者は余剰労働者を解雇するに違いない。韓国政府は今、失業率低減が至上命令なので、その設備投資は認めない」と言われたという。政府が経営者を信用していないのである。地域の雇用確保は確かに重要だが、生産性向上を抑制してこれを行うのは本末転倒だ。

ドイツやフランスなどの欧州諸国でも、現場の生産性向上なしの雇用維持のみを指向する政策や経営が見られるが、グローバル競争の時代に現場維持すなわち雇用の維持が可能な方策とは思えない。あくまでも、現場の生産性向上と会社の有効需要創出が両輪で回っているのが王道である。しかし低成長国や先進国の中で、この2つがちゃんと回っている国は、意外に少ないのかもしれない。

過去20年、低成長下にも拘らず、日本の貿易財現場の多くが生産性向上を続け、中堅中小製造業の社長の多くが走り回って仕事を取ってきた。これは、日本の地場企業ではいわば当たり前に行われてきたことだが、実は現場が経営を信頼するという前提条件が無ければ成立しえなかった。こうした信頼関係が地域社会に自然に定着しているということは、世界中を見れば決して当たり前のことではない。21世紀の日本経済が持つひとつのアドバンテージと言えそうである。

今後、低賃金一辺倒の時代が終わり、「グローバル能力構築競争」の時代が来るなら、日本のトヨタ生産方式、リーン生産方式、セル生産方式、全社的品質経営（TQM）、全社的生産保全（TPM）、等々から学びたいという企業や産業人が、世界中から再び出てくるだろう。これに対し、海外にも「日本型ものづくり」を広めようと、日夜走り回っている現役やシニアのものづくり人材も実に多い。ものづくり能力のそうした国際普及活動は今後も続くだろう。

しかし、「良い設計の良い流れ」を作る個々のテクニックや基本知識を海外の現場に首尾よく教えられたとしても、その国に、上記のような、現場が経営を信頼する土壌が無い限り、持続的な能力構築とその定着は難しい。仮に現場に十分な吸収能力があったとしても、雇用に不安があれば、それをやりきる意志が続かないだろう。

その意味で、トヨタ方式やリーン方式といった戦後日本型のものづくり組織能力は、それ単独で存在するものではなく、「社会に埋め込まれた存在」である。リーン方式や統合型ものづくり能力を日本固有のものと言うつもりはないが、それでも、こうした「ものづくり組織能力」と「信頼を基礎とする社会」の相性という点において、21世紀の日本は、隠れたアドバンテージを今なお保持しているのではないかと私は考える。

今こそ「現場を活かすグローバル経営」を

第2に「経営は現場を信じるか」である。つまり、国内現場が自らの存続をかけて能力構築や草の根イノベーションを行うその底力を、本社の経営者が認め、それを最大限に活かし、会社全体の力にしていくダイナミックな長期全体最適経営を行うことができるか否か、である。現場の近くに社長室がある中小中堅企業は、もとより現場と一体の傾向があるのであまり心配ないが、心配なのは、現場から遠く離れたグローバル大企業の本社である。

仮に本社が、現場の能力構築能力を信じ、それを活かす長期視野の経営を行うのであれば、その会社の現場の主力は、本体であれ生産子会社であれ、正社員や正社員に準ずる安定雇用のパート従業員あるいは直接雇用の期間従業員であるのが自然だ。つまり国内現場は、低賃金低生産性路線ではなく、高賃金高生産性路線を選択するのがグローバル長期全体最適経営につながるという長期ビジョンに、経営陣がコミットできるか否かである。

これに対し、「いや違う。グローバル経営とは低賃金国の生産拠点をダイナミックに使いこなす経営だ。国内現場にしがみつき人を大事にする経営など前世紀の遺物だ」と答える経営者や識者がまだ多い。むろんその言い様があてはまる業種が存在することは否定しない。しかし、現場の能力構築やイノベーションの余地が大きく残っている貿易財産業においては、常に各国の現場の賃金や生産性の長期趨勢を見極める必要がある。そして、本書で繰り返し確認してきたように、四半世紀のポスト冷戦期を経て、世界経済の潮目は再び変わりつつあるのである。

2010年代半ばの今においても「人を大事にする経営など古い」と言い続ける人々に問いたい。10年前の古い考えのまま思考停止しているのは、ひょっとしてあなたがたではないか? 確かに、半世紀の冷戦時代に蓄積した新興国との10分の1、20分の1、あるいはそれ以上の国際賃金差が厳然と存在したポスト冷戦期前半、つまり1990年代から2000年代はじめに、「国内現場の生産性向上など、焼け石に水にしかならない。まずは低賃金国に生産拠点を迅速に移すのが、21世紀のグローバル経営だ」と判断することには合理性も現実性もあった。それは必要でもあった。我々はそれを否定しない。

しかしその後、新興国の賃金が上昇し、日本国内の現場の相対的な生産性向上が本格化するといったダイナミックな状況の中で、一部の経営者が「極端な国際賃金差」というポスト冷戦期前半の特異な競争条件を永続的なものと誤認し、そこで思考停止してしまったとすれば、それこそがグローバル長期最適経営からの逸脱ではないか。賃金の国際差が縮小する局面では、物的生産性の国際差が相対的な重要性を増し、「グローバル能力構築競争」に徐々に戻って行くという競争ロジックは、ごく基本的な製造原価の式からも明らかだ。

その意味で、現場を重視するグローバル企業の経営者に常に留意してほしい「3つの現場法則」がある。

第1に、「製品1個当たり直接労務費＝時間賃金÷物的労働生産性」である。つまり、ある現場のコスト競争力の長期趨勢は、①各国現場のインプットの単価（たとえば時間賃金）と、②各国現場の物的生産性の両方の長期趨勢を見極めなければ把握できない。これは労務費以外の費目、たとえば直接材料費や設備費やエネルギー費についても同様である。

これらの指標の長期動向を見ずに、当期の損益や製造原価の短期比較のみで各国工場の存廃を判断するのは、グローバル長期最適経営とはいえない。とくに、各国現場の賃金差や生産性差が大きく動くポスト冷戦期の状況においてはそうである。たとえば、自社の国内外拠点の主要な生産ラインの生産性の動向をＫＰＩ（重要成果指標）として把握していない経営者が、グローバル経営の正確な長期判断を行うことは難しいだろう。

第2に、「物的生産性＝設計情報発信密度×設計情報発信速度」および「生産リードタイム＝設計情報受信密度×設計情報受信速度」である。つまり上記の労働生産性は、さらに、①作業者の労働時間に占める付加価値作業時間の比率、つまり設計情報発信側の転写密度と、②作業者の付加価値作業の速さ、つまり発信側の転写速度に分解できる。生産設備に関しても同様である。

このうち前者①は、ものづくり革新の「流れ改善」によって向上する。一方後者②は、主に生産技術の進歩によって向上するが、無理に速めると、労働強化や機械故障や不良品の増加につながる。よって技術を所与とすれば、現場の生産性向上は、設計情報転写密度の勝負となる。一方、設計情報の非転写時間のことを「ムダ」という。トヨタ生産方式の核心は「ムダとり」であり、したがって設計情報転写密度の継続的な向上にある。

いずれにせよ、現場を重視するグローバル経営者であれば、自社の主力工場の主力製品の設計情報転写密度（付加価値作業時間比率）の長期動向を把握せずして、グローバル工場立地に関する長期判断はできないはずである。

第3に、一定の目標利益率と正社員目標雇用数という、2つの目的関数を追求する現場指向企業は、生産性向上（工程イノベーション）と有効需要創出（製品イノベーション）の両方にコミットする必要がある。とくに低賃金国の現場と競争するような厳しい条件下では、利益率と雇用数という上記の2つの目標の同時達成は、工程と製品の両方におけるイノベーションなしにはあり得ないのである。

我々は「利益最大化を追求する資本主義的企業はイノベーションによってダイナミックに変化するが、雇用を重視する地場企業は保守的でイノベーションとは無縁だ」との錯覚を持ちがちだ。しかし実は、「静態的な環境下で利益を最大化し均衡状態にある企業はイノベーションを必要とせず、逆に厳しい競争環境下で一定の利益率と雇用数を両方維持しようとする現場指向企業こそが草の根の製品・工程イノベーションを必須とする」と言うのが、理論の示唆するところである。つまり、厳しいグローバル競争下では、むしろ現場の意志と実力を信じてその潜在力を生かそうとする企業の方が、草の根イノベーションへのコミットメントが強まるのである。

このように、今後、グローバル能力構築競争に直面する経営者は、資本市場に対応するための様々な方策について知悉すると同時に、現場の存続意志やイノベーションの動態を正確に把握する必要がある。その意味で、それが大企業であれ中堅中小企業であれ、今後のグローバル企業に必要なのは、「現場も地球儀も頭に入っている経営者」ではなかろうか。

ポスト冷戦期のその先の時代において21世紀の「グローバル能力構築競争」を戦うグローバル企業を率いるべきは、このように現場の論理も資本の論理も理解する経営者だと我々は考える。その結果、一方において利益と雇用の両立のために能力構築と顧客創造、つまりイノベーションを続ける一群の「良い現場」がある。他方において、そうした現場の意志と能力を理解した上で、世界経済の潮目を読み切り、それらをグローバル長期最適経営につなげる「良い経営者」がいる。こうした「強い現場」と「強い本社」の相互信頼に立脚する、いっけん地味だがしぶとい企業こそが、21世紀の日本経済の一翼を担うべきグローバル企業群なのではないかと我々は考える。

†変わるべきものと変えないもの

主要新興国の成長も次第に鈍化し、グローバル競争がいよいよ激化する21世紀前半、我々は、過去から何を引き継ぎ、何を変えていく必要があるのだろうか。確かに、ICT産業の世界では、技術が劇的に変化し、主役企業がめまぐるしく交代し、まさに革命（レボリューション）と呼ぶにふさわしい流動的な状況が続いている。日本の既存企業の多くはこのスピードについていけず、米国企業などに制空権を握られ、多くが伸び悩んだり衰退したりしている。この分野では、終戦直後の日本企業がそうであったように、既存企業は米国などの先端事例に学び、新たな組織能力を構築する一方、画期的イノベーションを加速化する産業インフラやエコシステムを構築し、次世代の国際級の若手ベンチャー経営者を育てていく必要があろう。この戦線での日本企業は、まずは組織能力や組織間能力の長期的なキャッチアップを続けるしかない。

他方、貿易財、とくに質量があり物理法則の働く有形の貿易財の現場では、製品や工程への機能要求や制約条件の高まりから、人工物の複雑化はある程度不可避である〔藤本編〔2013〕〕。こうした領域では、時として画期的な技術による破壊的イノベーションを伴いながらも、変化の基調になるのは現場の能力構築や製品開発の積み重ねによる進化（エボリューション）であろう。

つまり、21世紀のこれからの世界産業は、レボリューション（革命）とエボリューション（進化）が複雑に混在した状況が続くと我々は見る。したがって「全てはレボリューションだ」と言って騒ぎ過ぎれば、企業は動き過ぎて失敗するだろうし、逆に「全てはエボリューションだ」と言って現場に閉じこもっているだけでもじり貧に陥るだろう。IoTにせよインダストリー4.0にせよ、日本企業に必要なことは、上空のICT界のレボリューションと、地上の現場のエボリューションの両方を把握し、この2つの折り合いを上手につけ、良いバランスを見つける経営感覚であろう。

これを時系列的にみるならば、何を変え、何を変えないかのメリハリのある経営が必須ということである。つまり、一方においては、グローバル資本主義やICT革命や新興国市場の台頭にしっかりと対応する組織能力を、本社は待ったなしで構築していく必要がある。とはいえ、ガバナンス体制にせよ内部統制にせよ国際会計基準にせよ、あわてて動き過ぎてもよくない事は過去の教訓の通りである。ポスト冷戦期において、日本の大企業本社の組織変革はすでにかなり進んだが、今後も良いペースでこれを続ける必要があろう。

一方、むやみに変えない方が良いものもある。とくに貿易財の優良国内現場におけるものづくり能力や能力構築能力は、半世紀に及ぶ冷戦期において一貫して強化され日本の経済力を支えてきたし、その後の四半世紀にわたるポスト冷戦期でも、史上最悪のハンディを乗り越えて多くの現場が生き残る力の源となってきた。仮に日本の産業構成や固有技術に新陳代謝が必要だとしても、能力構築能力に富む日本の優良現場の多くは、そうした変動を吸収しつつ、これからも存続していくだろう。今は、これらの貴重な知的資産をあえて壊してスクラップアンドビルドする時ではなく、むしろ、その底力を他の製造業や非製造業に伝播していくべき時だと我々は考える。やみくもに「革命だ、過去の否定だ、乗り遅れるな」と連呼するレボリューション一辺倒の論調は、その意味では軽率である。

そのように考え、我々は過去十数年、東京大学ものづくり経営研究センター（MMRC）や一般社団法人ものづくり改善ネットワーク（MKN）を設立し、各地の地域インストラクタースクールとも連携し、そうした地域のものづくり能力構築の活動を続けてきた（藤本ほか編〔2013〕）。戦後70年の現場史の流れの中で、現場の能力の底上げを今一度行うとすれば、それはポスト冷戦期のトンネルを抜けつつある今だ、という現場発の歴史認識を、我々は共有しているからである。

こうした国内現場の能力構築能力を理解し活用するという点では、ややもするとグローバル金融資本主義の短期業績指向に陥りがちであった近年の日本の超大企業の本社よりは、むしろ、小ぶりの大企業（年商1000〜5000億円程度）や中堅企業に良い事例が多かったように思われる。彼ら優良中堅企業は、その本社がたいていは工場に隣接しており、グローバル競争を無視できるほど小さくはないが、現場の実態や論理を忘れるほど大きくはないのである。

振り返れば、20世紀後半、日本の新興グローバル企業の代表的存在と言われたソニー（正確には前身の東京通信工業）の設立趣意書には、「自由闊達にして愉快なる理想工場の建設」とあった。本田技研の本田宗一郎は、「作って喜び、売って喜び、買って喜ぶ」をモットーとした。トヨタの現場には、「よい品《しな》 よい考《かんがえ》」という単純明快な標語が今もある。考えてみればこれらの言葉は、それらの企業がまだそれほど大きくなかった頃に発せられたメッセージである。

21世紀の今は、冷戦下の高度成長期ではなく、冷戦後の低成長期である。かつてのソニーやホンダのように短期間のうちにグローバル大企業の仲間入りができる中小中堅企業は、ICTなど限られた成長分野を除けば多くはないだろう。しかし逆に言えば、規模は大きくはなくとも、かつてのソニーやホンダのような組織能力やものづくり精神を持った中小中堅企業は今も多いと我々は考える。

結局、企業がまずもって目指すべきは組織能力の質の向上であり、規模の拡大はあくまでもその結果である。結果として企業が大きくなるか否かは時の運もあるし、あえて身の丈を超えた規模拡大を急がない企業も世の中には多い。

言い換えるなら、企業の規模と質は必ずしも連動しない。既成の大企業も見習うべき高度な組織能力や企業哲学を持つ中小中堅企業が各地に存在する。確かに平均すれば中小企業は利益率も賃金も大企業に及ばないが、個別に見れば、中沢氏も指摘するように、大企業平均より高い利益率を出す中小企業も決して少なくない。

企業は大きければ良いという単純な話ではない。良い現場を育てそれを活用する企業、現場指向と資本指向のバランスの良い企業、生産性向上と需要創出の両方で活発な会社、現場と本社が信頼関係で結ばれている企業、製品革新も工程革新もよく行う企業であるなら、規模の大小にこだわる必要はない。21世紀では、良い大企業、良い中堅企業、良い中小企業が、それぞれに「良い現場」や「良い設計」や「良い流れ」を維持していくような、多様な産業社会が要求されているのではなかろうか。

ちなみにトヨタ生産方式普及の第一人者として知られる山田日登志氏は、著書『なぜ「ふるさと製造業」は強いのか』の中で、「資本製造業」に対する「ふるさと製造業」の意義を強調しておられる。そこには、「トヨタ生産方式とは、働くよろこびを現場の人々に伝える方式だ」「現場の力を活かす経営」「短期的な利益よりも雇用を守る」「急成長を狙わない」「低賃金でも正社員でやりがいのある職場」「自分の工夫を活かせる楽しい職場」

「地域の人たちとの相互の信頼関係」といった言葉が並ぶ。本書で主張してきた現場観・企業観と相通ずるところが非常に多いと気付く。山田氏は、本書でたびたび名前のあがった岩城宏一氏と並び、大野耐一氏の薫陶を受け、トヨタ生産方式の他業種への普及において大いに貢献された実践者である。一方の私は、約30年前に大野氏にお会いして以来、トヨタ生産方式のものづくり論的な一般化を考えてきた学者であるが、それぞれが行きついた先はとても近かったようである。

要するに、21世紀前半の産業経済では、レボリューション（革新）とエボリューション（進化）が同居し、製品・工程のモジュラー化と複雑化が併存し、グローバル資本主義とローカル現場主義が混在し、企業が資本指向と現場指向の2つの顔を持ち、「良い本社」や「良い現場」が大企業にも中小中堅企業にも見出され、本社と現場の相互信頼がそのカギを握ることになろう。

このように、2020年代に向けて我々が構想するのは、大企業一辺倒でもレボリューション一辺倒でもモジュラー化一辺倒でもない、多様性に富む日本経済であるが、そこには、少なくとも、明るい現場や良い現場がなければならない。中沢氏が述べたように、かわいそうな中小企業はいるが中小企業はかわいそうではない。新宅氏が述べたように、明るい現場とは見通しも風通しも良い現場のことである。藤本も、良い現場とは良い設計の良い流れが存在する場所であり、能力構築が続く場所であるとした。

そうした明るく良い現場を、企業の大小を問わず、国内外も問わず、子供たちの世代に残していくこと。それが我々の考える現場発の企業論であり、産業論である。

田村次朗（2014）『ハーバード×慶應流 交渉学入門』中公新書ラクレ.
中小企業庁編（2015）『中小企業白書〈2015年版〉』日経印刷.
中沢孝夫（2012）『グローバル化と中小企業』筑摩選書.
日経ビジネス編（2015）『まるわかりインダストリー4.0　第4次産業革命』日経BP社.
藤本隆宏（2004）『日本のもの造り哲学』日本経済新聞社.
藤本隆宏．大鹿隆（2011）「アジア自動車工場の組立生産性に関する比較研究——IMVPラウンド4（2006年）調査を中心に」MMRC-DP#351.
藤本隆宏編（2013）『「人工物」複雑化の時代——設計立国日本の産業競争力（東京大学ものづくり経営研究シリーズ）』有斐閣.
藤本隆宏．柴田孝編著（2013）『ものづくり成長戦略——「産・金・官・学」の地域連携が日本を変える』光文社新書.
山田日登志（2013）『なぜ「ふるさと製造業」は強いのか——メイド・イン・ジャパン復活の方策』PHPビジネス新書.

参考文献

安保哲夫ほか（1991）『アメリカに生きる日本的生産システム――現地工場の「適用」と「適応」』東洋経済新報社.

ウォマック，ジェームズ・P. ジョーンズ，ダニエル・T. ルース，ダニエル（1990）『リーン生産方式が，世界の自動車産業をこう変える．――最強の日本車メーカーを欧米が追い越す日（リュウセレクション）』沢田博訳，経済界.

小川紘一（2015）『オープン＆クローズ戦略――日本企業再興の条件』増補改訂版．翔泳社.

金辰吉（2013）『人を活かす究極の生産システム セル生産の真髄』日刊工業新聞社.

経済産業省（2015）『通商白書〈2015〉日本を活かして世界で稼ぐ力の向上のために』勝美印刷.

経済産業省編（2015）『ものづくり白書〈2015年版〉』経済産業調査会.

小池和男（2015）「高業績職場と人材の真の力」．藤本隆宏．新宅純二郎．青島矢一編『日本のものづくりの底力』東洋経済新報社.

小池和男（2005）『仕事の経済学（第3版）』東洋経済新報社.

新宅純二郎．稲水伸行．福澤光啓．鈴木信貴．横澤公道（2014）「電機産業の現場力調査――日本の現場の競争力を支える職場」『赤門マネジメント・レビュー』13（10），371-406.

首藤昭信（2010）『日本企業の利益調整――理論と実証』中央経済社.

ダートウゾス，M. L. レスター，R. K. ソロー，R. M.（1990）『Made in America――アメリカ再生のための米日欧産業比較』依田直也訳．草思社.

ちくま新書
1166

ものづくりの反撃《はんげき》

二〇一六年一月一〇日　第一刷発行

著者　中沢孝夫（なかざわ・たかお）／藤本隆宏（ふじもと・たかひろ）／新宅純二郎（しんたく・じゅんじろう）

発行者　山野浩一

発行所　株式会社 筑摩書房
東京都台東区蔵前二-五-三　郵便番号一一一-八七五五
振替〇〇一六〇-八-四一二三

装幀者　間村俊一

印刷・製本　株式会社 精興社

乱丁・落丁本の場合は、左記宛にご送付下さい。
送料小社負担でお取り替えいたします。
ご注文・お問い合わせも左記へお願いいたします。
〒三三一-八五〇七　さいたま市北区櫛引町二-六〇四
筑摩書房サービスセンター　電話〇四八-六五一-〇〇五三

ISBN978-4-480-06874-3 C0233

ちくま新書

1065 中小企業の底力 ——成功する「現場」の秘密 中沢孝夫

国内外で活躍する日本の中小企業。その強さの源は何か？　独自の技術、組織のつくり方、人材育成……。多くの現場取材をもとに、成功の秘密を解明する一冊。

457 昭和史の決定的瞬間 坂野潤治

日中戦争は軍国主義の後ではなく、改革の途中で始まった。生活改善の要求は、なぜ反戦の意思と結びつかなかったのか。日本の運命を変えた二年間の真相を追う。

601 法隆寺の謎を解く 武澤秀一

世界最古の木造建築物として有名な法隆寺は、創建・再建の動機を始め多くの謎に包まれている。その構造から古代史を読みとく、空間の出来事による「日本」発見。

618 百姓から見た戦国大名 黒田基樹

生存のために武器を持つ百姓。領内の安定に配慮する大名。乱世に生きた武将と庶民のパワーバランスとは——。戦国時代の権力構造と社会システムをとらえなおす。

698 仕事と日本人 武田晴人

なぜ残業するのか？　勤勉は人間の美徳なのか？　江戸時代から現代までの仕事のあり方を辿り、「近代的な」労働観を超える道を探る。「仕事」の日本史200年。

713 縄文の思考 小林達雄

土器や土偶のデザイン、環状列石などの記念物は、縄文人の豊かな精神世界を語って余りある。著者自身の半世紀近い実証研究にもとづく、縄文考古学の到達点。

734 寺社勢力の中世 ——無縁・有縁・移民 伊藤正敏

最先端の技術、軍事力、経済力を持ちながら、同時に、国家の論理、有縁の絆を断ち切る中世の「無縁」所。第一次史料を駆使し、中世日本を生々しく再現する。